諗Sir 著

收$論2

直債　屋苑比較　二房東收租　股票

10年後第二集閃亮登場

作者序

距離2014年出版《收息論》後十年，我再出版《收息論2》以對應日新月異的投資市場。堅持的是：編輯我還是用十年前那個，同事還是那一班。

如果你想知道如何妥善分配資金於住宅、工商廈、債券、股票、期權、保險等領域，閱讀此書應能幫助你。在坊間，各類投資都有其專才，例如在紅色地產舖可找到很厲害的經紀，在銀行會找到出色的基金經理，證券行有大量期權高手，但未見有人講解如何因應客戶情況去分配資金，例如：「我有\$400萬，應買股票還是買樓？」或者「應該用百分之幾的資金買債？」我從2012年寫Blog開始，一直盡我所能去彌補此市場空缺。

若然你想知道如何把一種投資工具用好，本書包含一針見血的見解。疫後，我花了不少心力去經營我的YouTube頻道《成家網上投資課程》。頻道亦貫徹向讀者提供股、樓、債混合使用的宗旨。頻道暫時只有80,000位訂閱者，靜待你有天會給我支持。

誠然，對我最有緣及最能給我力量的，不僅是讀者你，而是我的同事。明年，我有同事將可獲「10年服務獎金牌」。同事能在工作與生活上取得平衡，找到一間願意長期付出的公司實在不易。成就此事的基石，就是諸位愛戴我的讀者。在此，我十分感謝從我第一本著作《樓換樓》到《收息論》，再到現在《收息論2》一直支持我的讀者。

我坐在樂富商場內的快餐店吃早餐時，有讀者走過來和我打招呼。在草地足球場上，有剛和我相認的隊友在我喘氣時為我打氣。步出公園，迎面而來的緩跑者問我：「究竟是不是諗Sir？」這些問候為我努力工作提供了動力！

希望本書能將我們之間的情誼，帶得更遠。

諗Sir

撰寫於2024年夏天

《收息論2》初版印刷

目錄

脫貧的理財概念

- 偷走你財富的三件事　　　　　　　　　　12
- 分清「需要」定「想要」？　　　　　　　14
- 「資產」定「財富」？　　　　　　　　　15
- 致富起點：由記帳開始　　　　　　　　　16
- 本金、時間、回報率　　　　　　　　　　20

理財心法：財富單車論

- 認識「財富單車」的結構　　　　　　　　26
- 發揮「財富單車」性能　　　　　　　　　29

諗Sir置富觀點

- 好好記住0.01成功法則　　　　　　　　　32
- 諗Sir成日逼人買樓？　　　　　　　　　　35
- 幾多歲應有幾多被動收入才對？諗Sir對虛擬貨幣的看法　　39
- 香港的工資及樓價最終會與深圳拉平？　　42

收息類投資物初探（1）住宅、保險

- 揀區睇樓前必先熟讀「換樓階梯」   56
- 保費融資VS買一手新樓：異曲同工之妙？   64
- 屋苑研究：屋苑差一個字呎價少10%   68
- 奧運樓市分析：20年樓呎價跑贏5年樓   72
- 香港大學站：什麼原因令屋苑三年來只跌10%？   74

收息類投資物初探（2）債券、債基

- 「雷曼債券」其實唔係債券   78
- 解構債券報價   80
- 直債和債基的分別   82
- 債基怎樣選擇呢？   84
- 直債和債基槓桿的四大風險   93

「賺價」類別投資物初探 股票、期權

- 股票及期權投資心法   98
- 判斷股市入市位   101
- 技術分析 vs 基本分析   103
- Losing United：期權的輸無限和「贏粒糖輸間廠」   106

目錄

理財個案

Q：自置樓蝕入肉每日擔驚受怕 投資新手應否賣樓？　　112

Q：$400萬產出$40,000月入 可提早退休？　　116

Q：新手買樓必閱本文免浪費無謂錢及揀對屋苑　　120

Q：究竟如何部署才可實現「兩樓一份債」月收$30,000？　　124

Q：幾百萬現金+一間樓，如何產出$50,000/月被動收入？　　128

Q：實現$1,800萬樓業主夢 如何逐步由零開始？　　132

Q：零收入不能坐以待斃 好爸爸長錢變短錢救亡　　136

Q：手揸$2,000萬仍心慌 停止輸錢向每月穩定收入出發　　140

Q：如何將自己打造成真正的「人生勝利組」？　　146

Q：直債與債基的不同用法？ $120萬收息9.4%？　　152

Q：以外幣做收息組合的兩個壞處 財富傳承究竟邊個受益？　　156

Q：50歲股樓共輸300萬 人生是否零希望？　　162

Q：賣不出的單位如何「起死回生」？
二房東租上租產出現金流？　　168

脫貧的理財概念

偷走你財富的三件事

人在資本少的時候，必須添置能帶來正現金流的投資物，方能把財富增值。有人會選擇窮一生去儲錢，可惜過程中會有三種事情會偷走你的財富，而你卻往往無從規避：

1. 通脹

香港年度化通脹率近年約為2%，美國達4%。而這兩年美國停上「印銀紙」及「收水」才把通賬壓低。一旦返回減息週期，人們把存在定期取出買貨品做投資，勢必令通賬再升。掉轉就是你份糧的購買力越來越少。

如果每年通脹4.1%，再過10年，你手上的$10,000會跌至可等的購買力？答案是$6,648：今日用$10,000可以買到一格【黃埔花園】的階磚，他日只能買2/3格；今日賣成$10,000一張的美加round-trip機票，他日要$13,300。

2. 屋企人

筆者見過不少人借錢畀親朋戚友，借到自己年到50都冇嚿錢喺身；或老來財產分配不得宜，冇錢再分就被仔女趕出門口都試過，所以大家要好好保護自己財產。

3. 疾病

我行入去醫院探朋友，九成九都係瞓喺病床先話想買醫保。其實每年保費遞增、實報實銷的醫療保真係幫到人，只不過銀行同保險公司近年不斷推售一些複雜到暈的保險，令不少人對保險有負面看法。其實最簡單嘅 Term Life（定期壽險）加個醫療保，有起事上嚟真係幫忙不少。

分清「需要」定「想要」？

上述「通脹」、「親朋戚友借錢」、「疾病」這三種事情，人人都有機會去面對；亦有些人因為自己使費大，引致財富不能累積。那為什麼自己會使費大呢？筆者所見，在港有10%的人是因家庭需要而令開支繁重，如家中有兩個小寶寶，父親為孩子的前途而努力；但餘下90%的人，只是將錢花在想要的地方：較常見是一年去四次旅行，也有換季要買新衫；而筆者曾和一個慷慨的讀者傾談過，發覺他常常不問原因，就借錢畀人。

筆者也知道，大家只要隨意走到街上，也會不斷接收銷售訊息。的確，人賺到錢亦需要花去部分金額，這可促進經濟之餘，又可滿足自己慾望；惟儲蓄之精要就是「延遲花費」，為自己日後可享有更大利益著想。試問一個「月光族」，即使有投資機會來到面前，又怎會有足夠資金去捕捉機遇呢？　當然有人是抱著「活在當下」的心態：有錢應先花，反正香港也不會有人餓死。

其實「活在當下」問題不大的，但請不要抱怨居住環境惡劣，或晚年收入不穩；更不要難為身邊家人或朋友，在你遇到經濟問題時出錢又出力。本書往後的章節，將會介紹各種累積資產的方法，但在大家繼續閱下去之前，筆者想先教大家做好儲蓄、累積財富的方法。顯而易見的是，如你連些少財富都未能累積，你憑什麼叫人把有用、甚至價值連城的資產轉讓給你呢？

「資產」定「財富」?

說到這裡，也許你已發現筆者分別把「資產」和「財富」下了定義：

「資產」雖然亦是「財富」的一種，但「資產」特別之處，是除了本身有一定價值外，更可為你產出「財富」，即提供正現金流：例如樓房可以提供租金收入、生意可以提供正現金流（當然蝕錢的生意之價值為「零」或「負」，未必有人肯出價買入）。

「財富」則是是廣義詞，包括了資產、銀行存款、股票、外幣種種。

正因如此，銀行會成日叫你去理財，就是打理你一籃子的存款、外幣等等。為自己建立資產累積財富之目的，就是為自己建立資產：大家辛苦儲錢，就是要咬緊牙關為自己購入優質資產，再由幾項資產為自己產出財富，那自己就不用再每日被鬧鐘吵醒去上班，而可以把時間放在自己喜歡的事情了。而由儲錢至到買樓，就是為自己建立資產的過程。

這本書就是提出一個能在香港應用之步驟，教大家由零開始，一步步利用樓房在香港建立起你的資產（當然買樓只是建立資產的其中一個方法，保險、外幣等，如運用得宜亦可產出正現金流）。

致富起點：由記帳開始

先不要將儲錢搞得那麼複雜。如果你是剛投身社會工作，或你的儲蓄和剛投身社會時沒兩樣，先由儲蓄說起。事情永遠由零開始之時是最辛苦，但如果你能把儲錢變成習慣，事情一定會變輕鬆的！那儲蓄的習慣怎去養成呢？

先由記帳開始：

每日記帳表	
9月19日	支出
早上搭車	
早餐	
午餐	
零食	
晚上交通	
外出用膳	
購買衣服	
家用	
健身/美容支出/化妝品支出	
上網/其他寬頻/電視/電子產品	
飲料/煙/油/雜志	
其他支出1（例子：養車）	
其他支出2（例子：供保險）	

你可以開立一個Excel檔案去記錄每日支出，開頭幾日你或會覺得好「無聊」，但幾星期過後，如你是理財不善，即幾十歲人「無錢喺袋」或儲蓄率「狂低」者，你會留意到什麼原因令自己「每月清清」、每月要「揾糧尾」食「波仔飯盒」了！（當然筆者覺得「波仔」也是挺好吃的！）

此表除了令你理解自己每日的使費「真面目」之外，更能管制自己的使費：如在數前天有較龐大的支出，那在未來幾天便要慳一點。當記數持續數月，你或許會在某一個月的中途，發覺支出已比前幾個月之平均支出為大，這時便要提醒自己，月尾出糧前都要「好好做人」！筆者踏入社會頭幾年，嚴格控制自己支出，到捱過沙士、還晒學生資助貸款後才停止每日記帳，專心學習不同投資工具，為運用手上資金滾出較大銀碼作準備。

使用《每日記帳表》注意事項：

1. 住房支出（例如租屋）不用記在上表，只要把《每日記帳表》集齊一個月，再加上屋租，便能知悉該月資金運用情況。

2. 電話費、管理費或類似的月費，可以將總數除以30，再記在上表支出。此舉適合人工較低或初出社會之年輕人，因為如將電話費或供手機之費放到月尾才一次過入帳，往往令人失去預算。

3. 如果本身有信用卡數或私人貸款在身，不要記在《每日記帳表》，而是要一出糧就先扣去所有卡數及其他債項，用餘下的數額去計劃每月的支出。

4. 如果要供養小朋友，建議另開一表格，記下當中支出。

5. 若支出為家用，即可運用《每日記帳表》中的「家用」欄作記帳。

儲蓄最重要的因素是堅持，筆者亦不建議各位在首$10萬都未儲好，就運用超過每月10%之月入作投資，這有兩個原因：

1. 儲蓄為理財基本功，如不趁年輕了解怎去養成儲蓄習慣，他日人生低潮再由零開始，恐怕遇上的阻力要比今日的多！

2. 儲蓄未見做好者，很少做在投資方面都做得好。如一眾「大學股神」都是未經儲蓄、先在股票賺價，當中大部分人都被初頭的「極易成功」經歷所累，在漫長人生逐漸落後下來。其實每個人的人生當中，總會遇上一些隨機性機遇，太早出現恐怕令自己亂作部署，將自己事業及資產建在浮沙之上。

社會上很多人說買不了樓，其中一個原因是心頭太高；如自問不是心頭高的話，可先買入價值約$300萬的樓房。咁幾時先儲到一成首期上車？其實可以計到的：

● 一個月薪$16,000之年輕人，將1/3月入儲起，即$5,333；

● 將剩下的金額只儲蓄不投資，堅持時間為$300,000 ÷ 5,333 = 56個月，即是月薪$16,000的年輕人，儲蓄四年多便即可買樓；更有可能在儲蓄期間得到工資增長而加快進度，或將「儲突」的錢用作裝修或雜費支出。

觀乎社會一眾叫嚷「上樓」者，筆者同意當中有人是需要幫助的。但與其不斷大喊要求政府多建公營房屋，搬入後又擔驚受怕，鄰居會唔會因$3,000「勇士獎」而舉報你！何不主動積極，審視一下自己是否「想要」支出太多，或工資收入不夠高呢？如肯定自己努力過亦無助工資增長，那只有接受政府提供的資助房屋，亦不能完全擁有資產。但筆者肯定大部分人是有能力提高自己工資的！堅持再堅持，無論打工或儲蓄都好需要。

本金、時間、回報率

再看上文有關儲蓄的算式（$5,333 × 56個月 = $300,000），可見儲錢有兩個重要因素：一是時間，二是本金。還有一個因素在此沒有提及，但在後幾章會深入探討的：就是「儲蓄回報率」。

先綜合儲錢三大因素：「本金」、「時間」及「回報率」。

筆者在不同課堂上也問過讀者，當中那因素最影響儲蓄的成敗，不少人回答為「回報率」；惟每月能將手上金錢倍化，再超越李首富的，世上未見有此人。追求回報是應該，但回報率本身又充滿不確定性的，大家不能輕易控制回報率。

「本金」對於打工仔而言是「梗局」，筆者亦不相信老闆會每年加你人工，成世人搵埋嘅錢只不過$40,000 × 30年 × 12個月 = $1,400幾萬；何況份工能否保住到40幾歲都未知！到此你明白筆者想突出是時間因素──時間是免費的，時間亦是很重要的，請看下圖：

> 每月儲$1,000，每年儲$12,000
> 回報率10% 至65歲
>
> 31-65歲 > 65歲 = 325萬（7.7倍）
> 21-30歲 > 65歲 = 537萬（44.8倍）

▶10%回報的威力

甲和乙是好兄弟，每人均作每月$1,000儲蓄，就當回報率是一樣，均為10%。甲較早開始儲蓄，在21-30歲月儲$1,000，當30歲結婚後就再沒儲蓄了，將資金用年回報10%滾存。乙是消費主義者，認為後生未有負擔時梗係要食盡玩盡，可是到出席甲之婚禮時，見自己「人到三十身無分文」，終要面對現實開始為自己儲錢。乙在31至65歲儲足30幾年，每月$1,000。

當甲和乙到65歲時，大家再回首，發覺原來甲只辛苦了10年，到65歲時所得的，竟比辛苦了30年的乙多近倍（即$537萬比$325萬）！乙真是不敢相信，自己捱足30年都比不上甲！更令乙可恨的是，當初不知道時間在累積回報方面，竟然有那麼大的作用。

看上述故事，大家要明白在假設了回報一樣為10%後，時間的威力是大得你不可想像的！而最重要是：時間是免費的。所以請大家把握時間，早作儲蓄，亦堅持趁後生儲蓄。當然薄有積蓄後要想一想投資，如作法得宜，可提早累積足夠金額，購買有用資產。學習投資需要用真錢，不過在運用金額上務必戒除一注獨贏的習慣。筆者見過有讀者是將幾百萬全注金額投放於一隻股票的！她的理據為：「既然我覺得呢隻股票最抵買，何必買第二隻呢？」

請大家在市場面前要謙虛一點，即使是股神也有看錯的時候。另一要點是堅持用真錢，因為到後來你會發覺，影響自己投資成績的，就是內在心理質素；如果先用paper-trade來練習，即紙上買賣而不放進「真金白銀」，學到的只是一派理論，而不是他人衝鋒陷陣時所需的分配技巧和膽色。

講到投資市面上有不同工具，股票、外幣、房地產、基金、黃金等等。為免工具太多而使人混淆，筆者將不同工具分作兩種：一是較適合用作賺價的，即「一蚊買、兩蚊放」那種；另一是較適合用作賺現金流的，即投入後可得到每月現金，或在減除舉債後得到正現金流。讀者在本書後部分，以不同章節介紹不同投資工具，內文會透露這些工具一些鮮為人知的特性。而怎去運用不同投資工具，令自己享有財務自由？這要見下章談論的「理財單車輪」，亦是貫穿本書各章的一套理論。

理財心法：
財富單車論

認識「財富單車」的結構

投資可比喻為單車上的兩個車輪，前輪細而後輪大。

快滾（細）車輪是你用作賺價，該「前輪」體積小但轉動快，把「踏前輪」作投資比喻，就是：你靠買股票、期權或自己熟悉的投資物，去為自己累積一定銀碼的財富。當大家努力地轉動「前輪」之時，亦不斷將力量輸往較大的「後輪」，為日後省力鋪路，靠的就是「財富單車」中間的「齒輪」，將「前輪」賺到的財富傳到「後輪」去累積。

「後輪」因體積大、動量高，只要動起來就不容易停下，所以應以成功轉動「後輪」為目標，他日你力氣不夠時，「後輪」可為你提供無償動力（即錢財）。「前輪」易踏動但亦容易停下，後生時不妨出力踏。至於由「前輪」聯往「後輪」的「齒輪」，就像是你投資時所用的槓桿，用大槓桿自然可以較快推動「後輪」，但係要自己配個齒輪入架車先得。不少人終生只有踏細小的「前輪」，轉速易被地上阻力（通脹）消耗得一乾二淨：就好像不少人終身炒股而不將賺到金錢儲去不易變賣，提供現金流的投資物，終生無所得著。

當然，識踩「前輪」是重要的，各人皆由此開始，但點解有人越踩越輕鬆，有人連騎上架車都冇能力？此為「應用投資物的投巧」和「有否將儲放入良好投資品」的分別，會再將此論放入本個案讀者當中，和大家再講解一番。

◉心理

無論你幾用力踩都好，如果你左望右望，投資「時買時賣」，即心理質素甚低，結果最後都會「炒單車」。前輪用人力推動，容易起動但很快停下；前輪是計賺價幅度，即大眾心裡的賺價心態。後輪由前輪帶動，起動較難；但當起動後運轉暢順時，它便可以自轉提供動力，不用額外施力。後輪就如你透過理財，為自己儲到多少現金流，亦即收息。

收息建議運用有合約性的工具，即租約、借據。買樓收租有租約，每月收租，到期保本。買債亦即買入借貸，借貸人定時給付利息，到期還本。當然不是有借貸人「走數」的情況，但保障性比投入概念炒作，希望倍升的賺價工具好。

◉齒輪

齒輪就像槓桿，懂得使用的話，可將儲蓄效率倍大。 留意每個人腳力都不同，極端到1:100倍的齒輪組合，你的腳力踩唔起。這好比1:100倍的投資槓桿，不是人人心理都可承受。投資就是要先找到自己可承受到的槓桿。

●理財概念

就是不斷踩著前輪，將所賺的傳去後輪儲起，以達成「唔踩都可以向前行」的目標，去到你心中的目的地。

●收息與賺價

建議分開兩筆錢，用不同類別的工具分別完成「收息」及「賺價」兩個目標。

發揮「財富單車」性能

● 「目標」肯定是推動「大輪」，運用已儲備的「動能」去驅動單車，咁你就唔使用力都可以驅車前進，向財務自由進發。

● 「後輪」（大輪）要轉，即係需要增加每月現金流。

● 「前輪」（小輪）要轉用「賺價思維」：20、30歲嘅人，大部分都只有係諗點樣驅動「前輪」；但當佢地去到30幾歲時，才發現「點解炒咗十幾年股都係唔贏唔輸？」原因是他沒將前輪動力輸往「後輪」，一旦市場有咩事（前路不平），「前輪」肯定先受害，令先前付出的努力盡毀。

● 如果你開頭心急踩得快，單車被「石仔跌低」的機會亦大增，點樣驅動「前輪」？可用股票、基金、外幣、期權，各人請選擇最就手的工具。再講一次，不要花時間找「最好」的投資工具，就選擇最「適合」你的那種工具，這方面有機會再大家詳說。

● 投資講求「心理質素」，請勿踩車時望人地、望風景，識踩單車嘅人都知起首係手要定，等於在投資場上切勿過份緊張，心理質素又會是另一番講解。

諗Sir置富觀點

好好記住0.01成功法則

能助你成功的好方法有唔少，任何一個都可助你致富，問題係大部分人都沒有執行這些方法。「0.01」是個成功法則。意思是只要你每日比之前進步0.01，經過時間累積，一年之間實力會成長37倍。

$$1.01^{365} = 37.8$$
$$0.99^{365} = 0.03$$

這件事和理財有什麼關係？其實成功的方法，不少書都已經清楚說明。但我長年接觸不少想投資獲利的學生、又或是親身了解開一些比我成功的人其出身到發跡的故事，有感很多人未成功（無論是事業上、理財上，或照顧家庭上），主因都是不肯持續地努力。留意，努力一天是沒用的，與其只找一天非常非常的努力，倒不如每天花些少時間努力及累積。

你可能也聽過，堅持一些好習慣，例如乘車上班時聽英文電台，哪怕你只是用每天乘車上班的半小時去聽，只要經過一年的累積，你的英文也很有進步。在理財上，你只要找到知識及法門，每天花半小時時間，相信你選股的能力也大有躍進。看房一樣，只要你每週抽時間看兩間樓，一年下來你看了一百間樓，你入屋後觀察的敏銳度會大幅長進，令到你更快更容易找到那間樓有什麼問題，或放盤的業主真正想法如何，連經紀為什麼帶你睇你個盤都能意會到。

所以「堅持」和「累積」，才是改善自己人生的最重要一環，而不是「想法」。我不是說「想法」完全不重要，不過條條大路通羅馬，其實要讓自己進步，你想到的方法之中，有其中三至四成，通常都是管用。結果在於你能把哪個方法堅持下去。

當然，另一個助你成功的要素，就是「修正」。很多人停留於「想」的階段，就是「想」這五至六個方法，當中誰是有用，或誰最好？最終只停留於「想」而無做，讓時間及最好時機白過。擁有修正的能力，就是讓你開始選取當中一個較為合理的方法，然後於落手做之時不斷檢視這個方法，再想究竟有沒更好方法，或者怎樣稍作轉變而讓你獲益更多。

就算現時我們身處科技發達的時代，有AI人工智能幫手，修正這個能力仍然是重要的。你可以不讀歷史，或不讀學校術科，在維基百科亦不難找到教科書上的知識。但如你沒有修正和檢視自己的能力，表示你個人放棄進步，那就沒有剛才1.01累積365天的效果，最後實力沒有所成長，個人能力及知識受不了賞識，結果就是沒高工資，或生意會失敗。進行投資之前的重要一環，就是要有本金。有本金你才可以從財富單車輪的前輪開始，一路踏上你「財富不求人」之旅。

諗Sir成日逼人買樓?

不時有人說，我做直播節目時常叫人買樓。先說我沒迫你買，亦迫不到。如現金到一定水平，真的不好買樓。買樓可擴大資產規模，然後獲取賺過百萬收入的機會，這是大部份人可以脫貧致富的途徑，相對上不用太多知識及冒上做生意的風險就可實現。

試想一下，一個人就當只是持有$5,000萬現金，只做定期，4%年息，其實一年都收$200萬定期利息，除開每個月收成$16萬，仲要食息唔食本。每月收這個數，雖然不足夠每次坐私人飛機外出，不過已足夠過上無憂而物質豐富的生活，這個數額或許已足夠你從老闆贖回自己人生，做自己真正有興趣的事情，更可能把興趣變出盤生意，因而「再發一次達」。

聽到這裏大部份人都不想聽，原因就是：「咁$5,000萬點樣搞出來？」平常人莫說是$5,000萬，就當一個家庭能月儲$15,000，15年不斷儲都只儲到270萬，連$1,000萬都未到，莫講$5,000萬了。

講個實例，有一個已婚人士有一間自住單位正在蝕錢，問我怎樣打算。他的自住單位是以$700萬買入，現時市價已跌到

$600萬,按揭尚欠$400萬未供。當然他開首買樓時給了些首付,這亦表示這間房包含了夫婦婚前的儲蓄,問我應怎樣辦,是否要賣走自住樓?

假設樓價兩年間再跌兩成,城市指數應由143點跌到114點了——即是$600萬樓市值只是跌到$480萬。而讀者原本欠銀行的$400萬供多兩年本金,只剩約$380萬未還,欠$400萬攤長還的月供在$17,000左右,只要他保持按揭供款,那麼樓可以照住,而欠款$380萬仍低於本價480萬不少,沒有銀行call loan風險。就當樓真係跌到只剩380萬,就如1997年一樣,銀行不會對保持供款的業主call loan。重點是不要買太與你收入不相配的房,出事往往是由想炫耀或太不切實際而開始。兩夫婦合共月供按揭$17,000,在香港不難找到此收入水平的工作。但如收入平庸又要住豪宅,到有日「供唔掂」,原因就係一開始時已計錯數,又或未有做好壞情況的假設。出糧時留下$17,000用作供樓,這是一直以來都這麼做,因此樓市跌20%是不會影響生活質素的;反正供款每月也照給了。而每月預留$17,000這資源供樓,換來什麼機遇?

一旦樓市升兩成,先假設該樓房升跌幅與大市同步,$600萬樓升至市值$720萬。這個家庭亦花了兩年供樓,令本金從400本還剩380萬。城市指數升兩升大約達170點,此情出現都不是很誇張,只不過返到疫情後期的價吧。到時,此人手持的房子值

$720萬，而按揭結欠只$380萬，他一賣樓就已可套回$240萬了。相對於不少小康之家每月勤儲$15,000，$240萬等於160個月所儲，亦即13年，真係讀晒小學＋中學都無咁長。

我看過不少理財個案，發現香港不少家庭花費頗多，先唔好講月儲多少，不少家庭借落了P-Loan加稅貸。所以要唔靠樓儲$240萬，點儲？要唔用樓儲到$1,000萬，莫非真係靠股票由$10萬炒上1,000萬？

靠股票和Bitcoin來改變人生，確有人試過，但機率不大；加上要用這些工具致富，對該人的要求絕不比你打工晉升之要求少。炒股票由$50萬本炒到賺$1,000萬的人很少，一來因為有正職上班時研究不到股票，另外最重要敗於人的心理。當你$10萬炒到$50萬之時，若該人儲蓄只$100萬左右，很大機會他會賣股套利$50萬，因為此數已等於他成副身家的一半，就此便滿足了。

這令我想起早年一個叫《百萬富翁》的節目，$12.5萬的題目被你博中，上到$25萬關口；到$25萬嗰陣，「2揀1」又無「打電話問朋友」又無埋，大部份人都寧願拎錢而唔會用$25萬再去博$50萬。人就係咁，寧願即賺$25萬都唔想輸到$1都拎唔到返屋企；更慘係往後被朋友笑完仲要成日無啦啦諗起。所以在資本為主的社會，想透過股票市場這資本性遊戲去賺錢，最緊要有資本。

就是因為窮才要買樓，如果有錢你不妨買債收息，做債主可穩袋利息，更到期保本，那還需花時間留意什麼樓價升跌嗎？買債對幾千萬至上億的「半富裕者」可能更好，唔少人衰咗而跌返落貧困戶，多數都係因為自己太多手搞生意，或者太過炫耀，結果被有心人呃走返D錢。

利用股票買賣，或虛擬貨幣去賺過百萬港元及成功保持財富，所花時間及所需技巧，相信比買樓去賺所耗更多。有關我買賣股票的技巧分享，可見於本書最後的章節。買股這段路我走過，亦見證不少人輸過。做生意賺錢這條路我正走著，如果你喜愛做生意，十分鼓勵你選這條路，但確實不是人人喜歡做生意。至於買樓，係我走過不同的路程，回首跟你說：「這已是最簡單，相對上最少對手，最易賺到甜頭的了。」

幾多歲應有幾多被動收入才對？論Sir對虛擬貨幣的看法

假設一個人持有虛擬貨幣及外幣投資合共$200萬，暫未有被動收入，而只持有自住樓者。若男士已接近40歲，建議留至少一半資金開始為自己產出起碼每月$10,000的被動收入。在假設平均通賬3%一年之下，20年後$10,000的剛買力只剩$5,500（暫簡單計為$10,000/1.03^20）。一個人到40歲如獲$20,000元長糧（例如公務員長糧、年金派出、保險計劃月派紅利），到60歲這筆月入只可購回40歲時$11,000等值的商品或服務。$11,000約是2023年入息中位數$20,000的6折再少一點。正因如此，40歲有$20,000被動收入，是維持60歲後有專嚴生活之必需。

當然，有些被動收入不似長糧或年金那樣定額，派出的金額是可跟隨通賬同升及跌，加上有隨時轉換的靈活性。例如買樓收租，租金與通賬一起升跌；銀行定期大致可以做到定額收入，不過有時會因HIBOR不跟通賬而有所偏差；債基的派息亦會因市況好而加派息，基金經理都擔心市好時投資人會拎錢去大博大而贖回基金單位。直債的派息則固定，所以保本直債要每隔2-3年轉一轉，確保派息率跟得上市況（當然就唔係銀行職員咁，每隔1-2個月就叫你轉換，目的是為了收佣）。所以如於

40歲已有由年金或長糧產出的＄20,000被動收入，已近底線；而由租金或債類產出的會好一點，但都要花少少時間加租，或隔幾年去review一下。

另外的資金，可投入虛擬貨幣或外幣。買虛擬貨幣屬賺價的行為，因為虛擬貨幣沒有回本的保證，更沒保證派息。買樓收租或買債券到期，一定會還給你一間房子或本金，較合適想穩定收息的人，因合約上有保證還本的存在；但同時亦是這原因，導致樓價及債券升幅都受其到期歸還之本金所限，就好像債券的面值很難超過其未來總派息加上到期回本金的和；就當是考慮通賬，債價都只比息本和的值高些少。

虛擬貨幣的優勢，在於升幅可以很大，但跌下來亦深不見底。買中就可快速推動《財富單車論》中善於加速及幫人財務起動的前輪。不過你想持續收錢好似單車後輪咁不斷轉，收息較佳的投資物，如樓房、債券等會好一點。

另外虛擬貨幣也會「派息」的，一般是指放錢在交易所買穩定幣。買了穩定幣就隨時可用較低差價轉成bitcoin或dogcoin那些虛擬貨幣，而交易所會為穩定幣持有人提供10-20%年息，希望更加多人將現金轉做穩定幣，為交易所提供流動性。

當然買虛擬貨幣，在那家交易所交易都要留意，因為交易所本身會有倒閉的風險，所以有家庭的人，投資虛擬貨幣，做個tailhedge就足夠。「Tailhedge」即是投資一個較少額碼，以防萬一虛擬貨幣真的爆升，而自己沒有買，最後落後於有買的那批買家，令自己財富追不上的風險。

香港的工資及樓價最終會與深圳拉平？

近日網上熱烈討論「香港的樓價最終會與深圳拉平？」大部分人認為港樓會跌，而深圳樓價稍為上升。我也在自己頻道的直播節目討論過這問題，當時也有聽眾表示：「就算【太古城】與【麗港城】一海之隔，他們的呎價也有分別。」故融合後呎價不是（香港樓價 + 深圳樓價）÷ 2那麼簡單。

如兩個地區，地理上位置接近，制度亦逐漸接近下，樓價會否一樣？我們可參考一下自2009年已立《廿三條》的澳門，和珠海只屬一關之隔。澳門遲香港兩年回歸，那珠海與澳門的樓價是否在過去十年已逐步拉平？

澳門2011年政府才推出樓價指數，推出時是100點；2024年是231點。換言之，澳門樓市用了約13年時間由100升到231點，升2.31倍。除了有良法令市民安全之外，澳門人對中央政府也很依從。工資上，澳門由1990年代已輸入外勞。根據官方資料，2023年外勞約16萬，同人口只60餘萬的總人口比有點誇張。那是否代表他們的樓價在法規、和中央政府合作上的取態之有變，而令他們最後的樓價，更快地與人口比他們多約四倍的珠海「融合」呢？

珠海於2011年時，新房出售均價是$9,747/平方米，到2024年均價達$25,357，升了2.6倍。大家想想，珠海跟澳門通關、珠海樓價是否一定升？珠海樓價在2011年時起步基數低，但至2024年才升2.6倍；相對2011年已具備世界級規模賭場的澳門，珠海的升幅只是升多一點點。總括來說，澳門與珠海在融合後，兩地的樓價都有上升，但珠海亦沒有因基數低而「大有著數」。

澳門 2011年: 指數100>231.4　+2.31倍

參考期	全澳	澳門半島	路氹 2011=100
11/2021 – 01/2022	264.8	264.2	267.3
12/2021 – 02/2022	263.4	263.3	263.6
01/2022 – 03/2022	259.8	261.0	254.9
02/2022 – 04/2022	261.0	261.7	258.2
03/2022 – 05/2022	259.4	259.4	259.1
04/2022 – 06/2022	258.7	259.0	257.7
05/2022 – 07/2022	258.3	259.2	254.4
06/2022 – 08/2022	254.8	255.1	253.9
07/2022 – 09/2022	250.4	249.7	253.2
08/2022 – 10/2022	250.4	250.2	251.1
09/2022 – 11/2022	249.8	250.2	248.1
10/2022 – 12/2022	247.2	247.1	247.6
11/2022 – 01/2023	245.2	243.9	250.4
12/2022 – 02/2023	245.7	244.1	252.1
01/2023 – 03/2023	249.0	247.8	253.8
02/2023 – 04/2023	251.2	249.9	256.6
03/2023 – 05/2023	251.4	249.7	258.1
04/2023 – 06/2023	251.7	249.8	259.0
05/2023 – 07/2023	250.5	248.7	257.4
06/2023 – 08/2023	248.2	245.5	258.6
07/2023 – 09/2023	243.0	240.6	252.6
08/2023 – 10/2023	239.8	236.9	251.6
09/2023 – 11/2023	235.5	233.5	243.3
10/2023 – 12/2023	233.9	233.4	235.5
11/2023 – 01/2024	231.4	231.2	231.8

再觀察珠海，當地不同區份的樓價和香港一樣，存在「呎價差異」：近香洲市約$23,000/平方米，但與澳門較為接近的斗門，卻只賣$9,300/平方米；珠海不是最近澳門關口，樓價卻是最貴。所以，上水跟深圳關口邊的樓價是不會拉平的。相信大家有去過澳門和珠海，也知道兩地之間的關口是可以直接步行通過；反而如從嶺及上水再往北行，早年是禁區，現在都見不少荒蕪地帶呢......

因此，純粹從地理位置及人流來分析，是解釋不了樓價變化。樓價可以上升的主因，反而是該地能否提供賺錢機會，以及視乎當地的居民質素，這才是硬規律。大部分人在畢業後都想搵錢，亦想有一批溫柔的鄰居！哪個地方能搵錢，哪個地方就自然有人肯搵搬去住！說回香港，雖然不是如往時那麼強，但亦沒有全中國那麼捲。大家可以審時度勢，多做比對。

▶ 香港與東西德的合併有何不同？

香港會否與內地同化？先看一項研究。東德和西德之間的柏林圍牆拆了後25年，即是2015年去看，究竟東西德原本是兩個政治體制很不同的地方，而同樣講德文為主的，融合一起大家連關口阻隔都無，25年過去究竟是否樓價工資生活也同化？

研究用The 500 Richest Germans做統計，即500個最有錢的德國人，只有21個是東德人，西德人仍然佔大部分。即合併了25年

之後，西德人和東德人的財富差距仍很大。東德男人娶西德女人好少，西德男人娶東德女人會多一點，但都只佔結婚總數的十多個百分比。合併了25年後，東德人的薪水仍是較低，東德人的薪水只是西德人的平均薪水的三分之二；而大家最關心的樓價，東德也只是西德的一半。

東德就是由以前的蘇聯統治，西德則加入了北約集團。為何合併了25年，東西德的樓價和工資仍然差那麼遠，他們連的Pension系統也一起合併了，好似香港的MPF都同內地社保合併了一樣，但為何25年後，兩地財富仍然那樣不均等？

主要原因發現是西德人如本身擁有資產，他們把物業留給了他們的孩子。有物業留給孩子的家庭，他們都是贏在起跑線，下一世仍然是比東德人還要有錢。另外，當然是有樓揸手的西德人，在培養孩童資源較多，25年只係約一代人時間，不夠阻隔西德人傳承財富與知識予下一代。

因此，如果香港和深圳到最後合併了，兩地的樓價是否會一樣？有時大家做決定係用比較法，而並非計絕對數字（absolute figure），雖然香港各項經濟數據也下跌，但相對內地，仍擁有不少好處：

1. 香港的工作機會及高工資水平
2. 低稅
3. 子女考上高等教育的競爭比內地低
4. 樓房質量好，30年樓齡的屋苑樓仍有價有市

東西德的案例，正正說明了你如你透過物業，把資產穩當地傳承至下一代，就當仔女咩都唔做，只靠間由你供滿的物業收租，下一代都叫仲有辦法過好生活。但如果你問75年後、100年後會唔會拉平？諗Sir真係唔識答你。

▶ 英資1979>港資 2023>中資

不用很長時間，港資最終會被中資取代，有如40年前英資被港資取代一樣。

食厭了美心和大家樂的讀者，現在有機會轉莊了！見到越來越多美團送餐人員，即時在過深圳看到這些戴著黃色頭盔沖來沖去的人，他們已來港打market share。香港雖然只有700萬人，但香港人比起深圳人更能花錢；更重要的是，對於中國企業來說，在香港是賺美金。而他們賺到的錢，更加傾向留在香港。為什麼呢？究竟會不會有中國企業賺到香港的美金，將它轉回內地放人民幣呢？你心中可能已有答案。

如果中國企業賺到的錢，不拿回中國而留在香港，會做什麼呢？會不會買些小物業或者買一間店舖也好，能自己做生意又不用捱貴租。反正如選購得宜，香港的房產要放售也很容易。

港人大家爭論了這麼久，又說不歡迎地產霸權，食大家樂又話食到厭，現在就給個機會你。說回80年代，中英聯合聲明之前，其實英國人都知道自己要退場，就將不少的英國在港業務賣了給當時的華資大行；直接說就是賣了給誠哥、四叔吧。長江1972年上市，一上市已升了五倍，方便誠哥再賣股份圈錢，誠哥圈到錢當首期然後問銀行做槓桿借錢買地，股樓之間的流動就此帶起，一條發大達的方程式就咁喺香港誕生。

如沒記錯的話，到了1979年，連誠哥都不夠錢去買黃埔船塢。當時有人游說誠哥買，加上匯豐推波助欄，在1979年匯豐借了$1億給誠哥，誠哥也成為了匯豐銀行當年的副主席。當年$1億是什麼概念？當年一個兩房物業要價$10,000，那麼$1億就夠買10,000間平民兩房了。黃埔船塢之後拆了，重建為現在的【黃埔花園】。至於黃埔船塢為何叫「黃埔」，源於1880年代清朝著名商人胡璇澤，由於其祖鄉在廣州市海珠區新滘鎮黃埔村，黃埔先生紅遍上海至香港澳門及東南亞，因此船塢以「黃埔」為名。

除了誠哥由英資手上拿到重要資產的真人真事，更不能不提股壇追擊手「大劉」。華人置業當年被大劉買走屬企業經典併購案例。大劉由整風扇建立愛美高，再變身鯨吞英資企業，實為英雄事蹟。唔怪得之有些男人以大劉為偶像。

當年改朝換代，1979-1984年間發生過一連串英資轉港資的併購。現在去到40多年後，這批港資的主持人，或者核心人物本身都年老了，他們的後代有否魄力去繼承？

▶ 外勞最先取代那些工種？

港資退場、中資進場，如欲留在香港，便要習慣此轉變，現在有多個因素有利於新的中資集團進駐。舉個例子，街市現在已被人取締了，媽媽輩現在買菜，都識得搵「新界仔」、「家農」，唔使行入街市之餘、仲要平過街市！賣菜行業由中資取代較容易，因為當中技術含量少——晚上搵架大車運菜下來，早上找人叫賣就是了，網購也是很容易做到，就算搵人送菜上門都可以；好似內地美團，你叫佢買包藥搵人送到上來再掛在門外都可以。所以誠哥今次又係洞悉先機，這十年不斷傳要賣百佳超市。百佳最賺錢的應不是賣市場內商品，而是收上架費，幾十年收到笑，笑到嘴都合不來。然而，今時多了許多新的內地品牌，等於內地人喝農夫山泉的水，而不是喝香港的bonaqua。所以商業模式改變了，日後百佳或者惠康的市佔份額，會逐漸被內地超市佔據。至於Ricky的hktvmall會點？

HKTVMall公佈2023年業績，Ricky在股東會上提及，每位顧客的季度平均購買頻率減少，由2022年第四季的5.1次跌至

2023年第四季的4.6次，即是按年度比較下跌。可能你認為這是由於COVID19解封後，人們不太依賴網購所致。

Ricky表示，香港大部分零售企業的表現，均反映市場極具挑戰，他相信未來一兩年都要謹慎面對。目前香港網購佔整體零售業的百分比仍然很低，但北上消費未有對集團生意構成影響。這即是說：「市場很有挑戰性，不過香港仲有得玩」，因為香港的網購比率相對來說仍是很低，個「餅」仲未做晒。但你睇到的美團都睇到，所以就來了。

飲食業方面，香港人歷歷在目，不談一天食肆執幾間，而是新開的食肆也不少，都是屬中資的，主要是由深圳搬到香港。內地的飲食予港人新鮮感，就當一早過來香港這個場開的「海底撈」，日後你也不排除看到他聘請一些在港碩士生、或VTC學生去到海底撈做兼職，政府政策講到明有些外來學生可以做兼職。這對降低海底撈的工資成本很有幫助，至於餐廳入貨一早因為「新界仔」那條線，已證明內地餐廳拼食物入貨價上能打得贏香港食肆。在工資成本和來貨成本雙贏之下，服務態度從內地請來的人，因內地是嚴重內捲，服務態度及活力上超越香港待應實在絕不出奇。

香港正式推出了輸入外勞計劃，但比澳門比較已遲了廿幾年。澳門回歸前於1990年代已開始輸入中國外勞，到近年約60萬澳門人口當中，約10萬是外勞。講返香港，到2023年尾推出

了補充勞工優化計劃,就是放寬多些行業可以輸入外勞。而截至2023年年底,已經有12,000個外勞正在申請,當中申請的外勞很多是從事侍應生和廚師行業。我在2022年7月初的一集youtube直播,正值習主席慶回歸25年訪港,節目中我已預先跟大家說,輸入外勞是判定香港未來發展的一個主旋律,符合政府施政方向,地產商又可降低建築成本,話唔定第時看更都可輸入外勞。

香港透過輸入外勞去降低勞動成本,變相降價,淺見是有機令香港的服務業重新復甦,降低建築成本,也能讓樓價可以賣便宜一點。因為始終香港生活成本是昂貴的,高資太高降低了香港競爭力。

整個輸入外勞計劃最大得益是誰呢?好像諗Sir這些小公司,員工只有十多二十人,加上我們主要服務是做賣樓、賣保險,或做一些投資行業之類的,都不容易找到合適外勞。所以最受惠的就是大集團,在可輸入行業包括了收銀、Junior的廚師、侍應,或者是地盤工也可以!大集團才會大量請這些人。

那麼,「地產霸權」在這幾年又是否全無得著?原本一眾地產商想把香港的那個模式,例如把香港的「元氣」搬到廣州或深圳賺內地人錢。不過他們想不到,他們在上面深圳開了個頭之後,現在反過來真正被當地人「玩返轉頭」——就「元氣」上了去,但內地卻有更多的「喜茶」下來。內地集團,尤其是飲食業,相對香港企業,更具優勢。

▶ 外勞會否拉低工資？

當然大家很快想到，香港的工資，會否因為輸入外勞而下跌？這方面可以參考澳門，當地輸入了外勞幾十年，工資及樓價仍然上升。應該主要是部份香港人未必太想做的行業，才會由外勞取代吧。

內地有一篇文章，題為《看完香港孩子的名校取錄率，他們才知道什麼叫教育不公平。》是2023年內地的文章，雖內含些有賣廣告成份，不過不要緊因當中有些內容屬事實舉出，可以參考。

首先，內地全國的高考人數是每年1,100萬，就算不計全國，單是廣東省，高考人數亦達76萬，而香港一年考DSE的學生只有50,000人，將來還有可能會下降。

內地的重點大學稱為「985」和「211」（你可上網查找一下什麼是「985」和「211」），經高考後的取錄率，「985」只有2%、「211」是6.4%。而香港Jupas呢？考得Jupas的人基本上入大學接近四成。加上現在內地人來香港讀大學，還有機會在香港做part-time，內地的餐飲業老闆也會這樣想，例如手打檸檬茶在香港賺美金，請下港漂做part-time壓低成本，一舉兩得。

再加上在香港賣的東西，可以賣得比廣州貴四倍，比深圳貴兩至三倍；還未計香港的稅率低中國很多，趨勢已很明顯。

當然現時來香港這一批內地中產的子弟，通病是英文差一點。若是2010年前到香港的，他們是社會上流人物的子弟，多資源培養，英文確出眾。加上這十年中國教育不太著重英文，你看一看小紅書或者YouTube也見，由內地到港一批新學生，他們想在香港讀一些有名望學校，但英文跟不上。所以滿小紅書都是「如何英文不好又可考香港名校的廣告」。

重申一次，單是廣東省，每年參與高考的學生約76萬人，即是有76萬個年青人。他們當中只要部份到港尋出路，已足以令香港考場、職場、樓市及經濟起很大變化。而且香港的工資相對來說也很高，若跟廣東省省會廣州比較的話，即使是普通工種，例如時袋店售貨員、客服這些，香港的工資都高出了3-4倍。

收息類投資物初探（1）
住宅、保險

揀區睇樓前
必先熟讀「換樓階梯」

換樓階梯在一些區份拾級而上，齊齊全全，有利當區樓價。亦有些地區階梯斷裂，不利當區樓價。本段會以將軍澳做例。階梯用樓價劃分，如果你想便宜一點，【海茵莊園】開放式200幾呎，$300至400萬可起步；或者【康城】新盤12期【Seasons】，一房開放廚$400尾到$500多萬都有交易。如是居屋的話會更便宜，但我們不把居屋加入比較，因其屬另一市場。

如想找市價$500多萬的，將軍澳站的【將軍澳廣場】和【將軍澳中心】的300餘呎小單位便符合要求。這區域發展已成熟，雖比【康城】舊一點，更有「人頭泳池」，但如果是新組家庭買入，這兩屋苑也不過不失。

如預算有$600至700餘萬，可在「將中」和「將廣」買更大單位例如細三房去升級，屋苑內有不少其他開則選擇。如果能出到$800萬，又可以返【康城】，買新淨的南豐LP6兩房，撰文時賣$700多萬。如已有「化骨龍」在家，則可考慮調景嶺的【都會駅】三房。

如果能出到$1,000萬的，不介意舊的可在【君傲灣】買大三房，或者去【天晉】站頂買新鴻基兩房。【天晉】本身呎價是貴，有心保養係唔同D，你可去睇一下。上到$1300-1400萬

的話，可買到【康城Monterey】較為優質的單位。至於出到近$2,000萬的話……可能真係有人諗「得$2,000萬就唔住將仔啦！」呢個不予置評。想說重點是，有齊全換樓階梯的區份，業主想換樓的時候，基本上都搵到有樓招呼你。業主由剛開始工作沒什麼錢，到後來變成越來越有錢，有換樓階梯的區份，更大機會留到有錢業主，或更後生更有賺錢能力的業主。最重要是那些由父母到仔女都成功置業的家庭，老父及後來的分支家庭較少搬出外區，才令樓價跑贏其他區份。

人普遍有住返同區的傾向，話唔定你聽過朋友同你講：「住柴灣其實好方便！」有時就當要搭車耐一點或者小朋友要用校巴，香港人未必會選擇搬到別區；當然香港地方小，去邊都不用太長車程，也屬原因之一。

▶ 屯門「換樓階梯」不齊全

屯門的換樓階梯要點時間發展，葵青區我在youtube頻道節目講過區份的階梯為了什麼而犧牲。屯門平的屋苑唔少，加埋公居屋，為購買力而打底。$300-400萬由【新屯中】、【大興花園】、【屯門市廣場】細單位，還未計掃管笏那邊，單位多到你睇唔哂。到$500-600萬，可以去【屯門時代廣場】買細三房，或者去買有海景嘅【邁亞美】，再唔係【屯門市廣場】的三房都有交易；再上就去到【卓爾居】。

我地買樓power team試過做個單交易，客人年青時讀【卓爾居】對面的學校，他有資金後就想買【卓爾居】住；但客人都有學生變成大人啦，【卓爾居】的樓齡都過了10年了。再升一級就數【瓏門】，可惜【瓏門】就只有幾座，但屯門確實有唔少老居民的仔女事業有成，真係住唔慣$400-600萬樓，又唔鐘意【瓏門】，咁唯有搬出。不齊全的換樓階梯，不只流失客人，當區經紀如見搵唔到「靚貨」畀「靚客」，都會轉出外區搵食，引致客人及人材兩雙失。

▶ 同一個區，為何有人賣樓賺錢有人蝕？

鳴謝：HK01網上資料

為何【柏傲莊】一房咁值租？反觀火炭或沙田樓，例如【沙田中

心】真的在沙田的正中心點，又有內地學生加持，唔應該更值租嗎？解讀此事，首先要了解大圍這個區域的樓市結構，該區大致分為五小區，不計公營房：

- 小區一：大圍村附近，有不少一九七幾年落成的洋樓（一般指有升降機的單幢樓），小量唐樓（沒升降機的舊單幢樓）。

- 小區二：正是大圍村，裡面村屋的呎數不一。其實村屋不一定是700呎。只是如果建在700呎之內，可免去很多諸如鋪渠及建築的規定。故不少有村屋起到盡量剛好達700呎。

- 小區三：就是【金獅】、【金禧】那堆屋苑，30餘年樓齡，金獅更近40年樓。

- 小區四：【名城】

- 小區五：第五是近大圍站的新樓，近年由【柏傲莊】取代【名城】的位置。

▶ 沙田五小區逐個睇

這五個小區的樓房屬於不同時代的產物，最舊的是1970年代落成的唐樓和洋樓。香港不少唐樓已有50-60年的樓齡，而大圍的唐樓和洋樓相對較新，樓齡約40年。相較其他唐樓，大圍的這些樓房算是「新淨」。

然而，香港的唐樓一般面積達600-700平方呎，但大圍的唐樓和洋樓面積普遍在600平方呎以下，並且沒有升降機或僅有一

部。沒有人會買這種300-400平方呎的單位來做劏房，投資價值因此下降；而且由於樓齡大，這類房屋很難獲得按揭上會。

精明的投資劏房投資者，對於窗位、廳位及外喉位均有要求；而且一般不會選擇以300多呎的房子做劏房，起碼要有500-600呎、再劏成5-7間房，這才更有效率；這也間接導致大圍地區缺乏細單位的供應。10年前曾有新聞報導，大圍一間劏房的租金炒到每月$7,000，面積僅100平方呎，即呎租$70，比甲級寫字樓還要貴。

第二談【金禧】和【金獅】。去【金獅】搵lump sum最低嘅單位上車；亦因為lump sum細，政府撤掉樓市辣招後，將原本約$290萬小單位的叫價一口氣推至$370萬。我地買樓powerteam就喺撤辣前一晚以$280萬同客人入咗間【金獅】；撤辣後，有買家肯立即開票$350萬買入呢個單位，但我地客人最後選擇唔賣自用，否則我地又多一單兩星期內幫客賺$70萬的戰績。無論如何，客人住得舒服就好了。

【金獅】可經停車場走到大圍站，去港鐵路程比想像中短。至於佢嘅缺點，由於是舊盤，加上有與別不同的管理方式，如果客人預算夠，就真係好少考慮【金獅】嘅。【金禧】可以被視為【金獅】的升級版——近港鐵站一些、新一些、樓下有多些店舖。此兩屋苑滿足了「小本上車唔怕舊」呢個客群。但要留意的是，而家買入【金禧】，到你他日放賣時，樓齡應已過40

年，下手未必可做足30年上會按揭了，變相增加了供款；從投資角度看，即是可產出的現金流減少。

【海茵莊園】vs【名城】

去一去康城站睇個近似例子：【海茵莊園】既有studio開放式單位200幾呎，又供應大量一房及小量兩房連儲物室，就是看準了【康城】在之前幾期都少呢幾個開則供應。另外，在經濟差時，發展商都傾向開細則，主因都是lump sum細（賣價平），易入口。

主力開大則的【名城】，開賣時撞正經濟低潮——2008年後雷曼爆煲，再加上2010年尾香港政府開始推出樓市辣招，發展商出了兩招對應：

第一是「改名再改名」，例如第1期只賣到六成單位，第2期便轉過新名繼續去賣，此舉真係有幫助。這招近年新地亦有用於【PARK YOHO】——之前改了什麼【倚巒】，唔係幾掂；加返個「YOHO」落去，又真係得！

第二招是到內地大城市，例如廣州、上海等進行路演。正因如此，【名城】在早年成為內地學生找房的勝地；不過因為【名城】的樓齡已開始舊，加上近年有一些更好選擇，「宿舍熱」才減退。不過在【名城】買樓議價時，仍可找到不少內地業主。

第三是大圍村。大圍村很商業化，主因是【柏傲莊】建成前，大圍沒有購物中心。走進大圍村會看到不少補習社、士多，而餐廳在村外圍，方便不少人泊低車在路邊食晏。由於該處已有商業要求，村屋租得畀人做生意就不會改作細單位租畀人住，因為商用單位租金回報更好，故大圍的村屋雖近鐵路、又有間房的條件，但仍供應不夠分間房應付當區需求。

第四見【名城】。長實於2010年前後建成了【名城】，屋苑內絕大部份都是三房或四房開則，填補了大圍只有兩房選擇而欠缺三房分層單位供應缺口。【金獅】、【金禧】於2010年時已達20-30年樓齡，不少住戶個仔都已經成家立室，又或享受了香港樓市升幅，【名城】主攻大單位，能收割區內晉升小富的階層，符合商業原則。

最後不可不提的是港鐵上蓋物業【柏傲莊】。此盤由新世界興建，由一房兩房三房都有。為什麼買入【柏傲莊】一房後遇上樓市低潮仍然不用蝕讓，而同屬大圍的【薔薇】就要「六年輸三球」？看畢前面大圍樓市五大小區解說，你就明白大圍本身一房供應十分少，加上大圍村及唐樓的特別情況而令劏房供應亦少；而且【名城】只提供三房單位，而且近十幾年來缺乏新建的細單位供應。這種情況下，內地學生對於東鐵線上細小單位的需求持續增加，進一步推動了市場需求。因此，不只【柏傲莊】，其他東鐵沿線樓齡在十年以上的細單位，租金也炒高了。

那【薔蒿】不好嗎？要知但凡租一房或細單位的，大多是打工，或者到港讀書住幾年的，人生路不熟加上工作時年不長，返工需要鐵路，放工後想搵到嘢吃，近地鐵又旺就最合這類客人；新香港人更是依賴地鐵到處走。建在大圍山上要坐巴士的【薔蒿】細單位，雖然在大圍，但不合客路。因此在同區份，不是所有單位都好。經紀與你談區份，主因是「無殺傷力」，看樓前亦唔想客人看中一些供應較少的樓盤，無盤做唔成生意，傾區傾基建就最穩陣。

保費融資vs買一手新樓：異曲同工之妙？

▶ 善用付款計劃讓你贏在起跑線

保費融資有點像買新樓。現在的新樓，連大行的總裁都會親自選擇720天付款計劃去買新樓呢？很多人買樓，只會著意買入後樓價是否會上升。當然這個也重要，我不是叫大家不理升跌，但更重要的是，要知道有些付款計劃（scheme）擺明令買家贏面大而輸得少。

如何贏面大？給你看個例子。新樓付款計劃（scheme）給你720天，即是你今天買入時先付樓價5%做首期，然後在接下來的720天裡，每隔約三個月就多付樓價的1%給發展商。這意味著在720天後，你只付了樓價的10%，就可以收到現樓。720天後，如果樓價上升了，比如說樓價從買入時的$800萬上升了20%，由於現在已經沒有SSD印花稅的兩年出售限制，那麼，業主在收到樓後現在的樓價$800萬賺了20%，即$160萬，而成本只需先付$40萬，然後每隔三個月再付$20萬。這樣一來，先付$40萬就能賺$160萬，相當於4倍的槓桿。不少人咀裡說風險，但當機會在眼前出現時，又未必忍得住，進行與否閣下自行決定，反正總有人睇過自己荷包夠錢，就做了。

一旦樓價下跌，如果供唔到尾，會唔會被發展商追差價呢？如果好似大行總裁咁，用公司名買，咁就會比較安全。不過用公司名抽樓，唔係個個經紀肯同客做，或者客人本身工作不允許自行成立公司。當然開立有限公司，要交每年商業登記費、同埋現時稅局要求無營運嘅公司都要報稅。當然，你想賺錢，先要給人賺錢的機會。話唔定日日被人鬧的老細，佢都係先畀錢請班人返嚟，然後自己才能賺更多的利潤。

更有些plan更是付了5%首期後就即住收樓，咁更加發達：5%首期換來兩年（720日）租金收入，更未計回佣（如有）。兩年租金收入很大機會比5%樓價更多。所以，不要再只看普遍只有1-2%租務回報的住宅了。

保單年度完結	已繳付保費總額 (A)	預付保費 (B)	預付保費利息 (C)	退保權益				身故權益			
				保證金額	非保證金額		總額 (G)=(B)+(C)+(D)+(E)+(F)	保證金額	非保證金額		總額 (K)=(B)+(C)+(H)+(I)+(J)
				保證現金價值 (D)	累積現金紅利及累積利息 (E)	終期紅利 (F)		最大值 [101% (A).(D)] (H)	累積現金紅利及累積利息 (I)	終期紅利 (J)	
1	160,333	10,584		115,681	0	0	419,891	161,937	0	0	477,181
2	320,667	149,673		274,170	0	0	428,891	323,873	0	0	484,206
3	481,000	0	0	430,851	0	0	430,851	485,810	0	0	485,810
4	481,000	0	0	430,851	48	15,613	446,512	485,810	48	15,613	501,471
5	481,000	0	0	432,294	122	33,680	466,096	485,810	122	33,680	519,612
6	481,000	0	0	466,031	234	74,363	540,628	485,810	234	74,363	560,407
7	481,000	0	0	480,096	389	97,556	578,041	485,810	389	97,556	583,755
8	481,000	0	0	503,665	598	126,157	630,420	503,665	598	126,157	630,420
9	481,000	0	0	510,966	866	156,219	668,051	510,966	866	156,219	668,051
10	481,000	0	0	518,383	1,198	186,003	705,584	518,383	1,198	186,003	705,584
11	481,000	0	0	525,897	1,598	212,044	739,539	525,897	1,598	212,044	739,539
12	481,000	0	0	533,525	2,079	242,943	778,547	533,525	2,079	242,943	778,547
13	481,000	0	0	541,260	2,649	276,950	820,859	541,260	2,649	276,950	820,859
14	481,000	0	0	549,110	3,312	314,372	866,794	549,110	3,312	314,372	866,794

保費融資

（705584 - 430851*90% - 430851*90%*0.035*10）/（456950 - 430851*90%）

=（705584 - 387766 - 135000）/69184

=264%

*助教不時提供融資利息減少方案 / 暫停供款

3月25日直播

▶ 回佣vs回扣

「回佣」是賣新樓不能說的秘密；但保費融資則由保險公司直接畀客，那透明度就高多了。很多人問現時融資利息這麼高，而保險公司派息又受限，靠保費融資去賺息差還有利潤嗎？

這點保險公司和銀行都知道，所以在高息時期買入，有些人可以幫你拿到保險回扣，而且可以在供款時一旦覺得利率過高就停止供款。舉個例子，如果一個三年期的保險計劃需要總共供款$48萬，客戶可以選擇分三年供款，每年$16萬。而如果使用銀行提供的保費融資，銀行將一次性借出48萬讓你給保險公司，而保險公司就只收取$45.6萬，這就是其中的一種回扣；有些銀行甚至可以將客人要供的$48萬當中，撥出$39萬餘借給客戶。就當融資成本為3.5%，在10年期間支付利息$12.5萬後，到期可取回$70.5萬，減去利息支出以及10年後需要還給銀行的$39萬多，10年獲利：$705,000 - $125,000 - $395,000 = $185,000，而需付的本金僅為$70,000，即10年增長了264%，由保險公司保本。計劃不一定要10年後才取款，5年後停止也可以，當然回報會降低，這是我個人購買保費融資計劃後的分享。

如果日後減息呢？ 回報又有無咁高？ 可能會。本章重點是息口高回佣才會高，正如你等樓市大旺時才去抽新盤，怎有可能會有發展商願意畀到「720天付款期只收5%」嘅plan你呢？

保險經紀一向愛sell要供10-20年的計劃，但我們不會。保險經紀亦不想同銀行合作做融資，因為客人一旦去咗銀行，佢的生意好大機會連渣都冇。經紀亦唔會同你分析息口升跌，以及與銀行改plan以配合日後市況，但諗Sir及團隊成員都是銀行出身，所以明白解決法門。

屋苑研究：
屋苑差一個字呎價跌少10%

香港將軍澳附近三個屋苑呎價變化，分別是將軍澳站【君傲灣】、康城站的【康城四期—晉海】，以及油塘站【海傲灣】。以【君傲灣】為例，2021年6月平均成交呎價是$17,661，至2024年5月是$14,429，跌幅約17%。同時期之下，【晉海】下跌約26%，【海傲灣】由$20,992跌至15,938，同樣下跌25%。差距更大的屋苑亦在直播時提及過，於2021年夏天至2024年中呎價不跌反升的屋苑亦是有的，有些更是知名屋苑！不過較少人會跨區研究其升跌差距，以及實地考究其原因。

那麼，為何【海傲灣】的跌幅比【君傲灣】多近9%？明明【海傲灣】的樓盤較新，而【君傲灣】的樓齡已超過10年以上。主要原因是，當【君傲灣】還是新樓時，當時要$600萬以下的物業才能借九成按揭上會（即一成首期），故發展商建設一些200多呎的細單位，並以超過$20,000的超高呎價賣出，令單位總售價不超過$600萬，買家就可只給一成首期上會。其後，香港按揭的政策變成$1,000萬的物業也可只給一成首期，雖然【海傲灣】勉強算接近油塘地鐵站，但「鐵路盤」這一點並不是常勝的。另外，不少住在【海傲灣】細單位的業主，都有換更大單位的意願，於是紛紛將

【海傲灣】的細單位沽出，導致當區沽壓非常大，令【海傲灣】跌幅跑輸大市（中原城市領先指數同時期由181點跌至143點，下跌21%）。但【君傲灣】又為何跑贏呢？

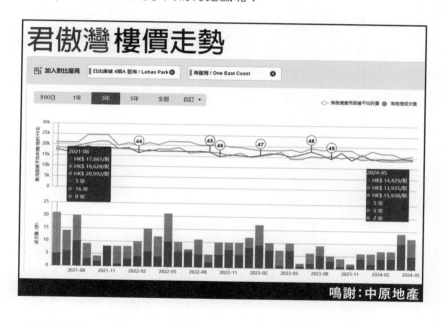

鳴謝：中原地產

【君傲灣】本身有一兩房面積500多呎，而三房有600多呎至700多呎的選擇。這些開則在同區來說，已經算是較為大的兩房或三房單位，住在裡面的人就沒什麼原因再換更大，除非他們突然變得非常有錢，可以負擔$1,300至$1,500萬的樓，才能買到比【君傲灣】更新且更大面積的單位。變相這三年沽壓較少，呎價波動亦較小。

至於【康城四期—晉海】跌得較為多，雖然【晉海】是新鴻基建造，屬知名發展商建設，但屋苑的海景，右手邊就被LP6遮住了部分，而左手邊近電視城的位置則有被填海的可能。其實該屋苑的業主也知道這些消息，因此紛紛換同區景觀更好或更保值的單位。還有，【康城】有大量一手樓供應，加上將來137區的發展可能有更多供應，因此不少換樓客都認為，只要新居能以較低價格入手，就算平賣舊單位也可以接受。

那邊廂，有同學問【必嘉坊】是否值得考慮？【必嘉坊】最後一期以【THE HADDON】之名開賣，主要是細單位為主。對於改名賣的屋苑，大家要多加留意，無謂講太多負面信息。遠的說當年大圍【名城】，賣不完要在內地做路演，賣完早一批單位又改新名賣下一期，這樣做確實對「出貨」較有保證。近的就說【PARK YOHO】，這樓盤以前其實是叫【峻巒】，有關銷售資料大家可網上查查；其改名做【PARK YOHO】之後，就成為「YOHO系列」，出貨容易很多。現在輪到【必嘉坊】，除了名字之外，可以對比一下奧運站附近的【利奧坊】。

【利奧坊】主打細單位，共分五期：【凱岸】、【曉岸】、【曦岸】、【壹隅】、【首隅】。當中以【壹隅】最為優質，貼近奧運站，接一條橋便可以上去奧運站，呎價亦是最貴。需要留意的是，

【利奧坊】不是每期都靠近奧運站，例如【首隅】就較為貼近大角咀道，距離地鐵站頗遠。另外，由於單位比較細，客路少，基本上家庭客很少考慮該處；如租給單身或工幹客，則有較大機會完約就斷租，再找租客便令佣金支出上升。【凱岸】、【曉岸】入伙後，也有不少貨尾留下。如一心要選跑贏的屋苑，加上買家會自住的，建議去【利奧坊】看看200多呎單位，看其對你來說會否有侷促感，看完之後，才去買紅磡區的樓花。

位於奧海城商場上蓋樓齡較舊的【帝柏海灣】，由於其會所比較大，加上樓下有商場，所以這舊樓竟然在2021年至今的三年間跑贏大市，跌幅只有10多個百分點；反而一些較新的屋苑，有些竟然跌了20多個百分點。現在人們換樓，都是以換樓客為主，都是想越換越大；此外，景觀是否有侷促感亦要留意。

奧運樓市分析：
20年樓呎價跑贏5年樓

睇奧運站的物業時，可以把各屋苑分為三面。第一面近【奧海城一期】，即鄰近中銀中心，主要包含五個屋苑，當中三個平民化一點的，有兩個貴一點。平民的屋苑有【維港灣】、【凱帆軒】、【浪澄灣】；兩個貴一點有【瓏璽】和【銀海】。第二面在【奧海城】商場上蓋，即【柏景灣】和【帝柏海灣】。第三面近匯豐中心的兩座屋苑，分別是【君匯港】和【海桃灣】。

綜合三面而言，【帝柏海灣】及【柏景灣】相對較舊，但夠方便，會所夠大，設備不俗。以屋苑會所設施而言，以2004-2014年建成的樓盤「最有心」，例如泳池都設置於室內以便住客全年使用，並定期進行維護。反而新樓的會所，會將地方改作共享空間，目的在於收取租金。上述兩屋苑（其實是同一個屋苑，只不過座數較少的叫【帝柏】，較多叫【柏景】）賣價亦相對「親民」，$1,100萬已開始有三房選擇。該屋苑2021年打後三年，呎價只累跌了14%，算是跑贏大市。如與【利奧坊·曉岸】的成交數據一比，後者於2021年6月呎價平均為$22,970，到2024年5月只$16,575，約五年樓齡的【曉岸】，跌幅竟達28%。

在中銀中心這邊，【浪澄灣】、【維港灣】和【凱帆軒】被喻為「三寶」。它們各有不同客路，預算寬裕一點的會選擇【浪澄灣】，該屋苑有「三寶」之中最大面積的兩房和三房，三房面積約700多呎，兩房約500多呎，令其2021年至2024年的跌幅比較小。從下圖可見，其呎價從$20,090跌至$17,397，跌幅約13%，相對中原城市領先指數同期表現屬跑贏。由於業主已持有鄰近屋苑最大的兩房或三房，因此換樓意欲較低，在2021年樓市下跌後較不易出售單位，間接令屋苑呎價跌幅較少；加上持有優質單位的業主在議價上易獲優勢，令屋苑表現跑贏大市。

誠哥出品的【凱帆軒】主要以兩房為主，由於有些單位不能看全海景，所以兩房單位價格約在$750萬左右；同時期亦有$950萬的兩房。至於【維港灣】則吸引了預算較少但想住該區的買家，其三房面積較少，加上不少單位面對樓景，且外牆沉色，稍有扣分。

至於匯豐中心附近的【君匯港】，很多人只在網上看樓盤，未留意到該屋苑五座當中有兩座獲高樓底「加持」。大家會看到有白色外牆及正向「煙花景」的那兩座，有11呎多的高樓底；其餘三座的樓底則約為9呎。【君匯港】最大特色是擁有較大開則而又近地鐵站的單位，跟選擇【一號銀海】單位大、環境偏靜的，是兩類搵樓客。

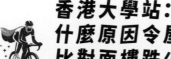

香港大學站：
什麼原因令屋苑三年來只跌10%？
比對面樓跌少20%的原因

近香港大學的兩個屋苑，一個是【翰林軒】，另一個是【嘉輝花園】。為何【翰林軒】三年間的呎價跌幅只有10%（$21,200跌至$19,013），而更近地鐵的【嘉輝花園】卻要跌30%（$20,409跌至$14,373）！？真的只是因為舊嗎？30%的跌幅其實都算數一數二，我在YouTube「成家網上投課程頻道」的直播中有提到，同期【美孚新村】和【太古城】都係只跌28%。因此，屋苑絕不是越新就越跌得少。你可以參考上一篇講【海傲灣】的內容。

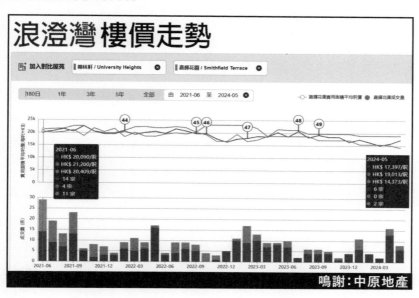

鳴謝：中原地產

【翰林軒】的好處不單在於靠近香港大學，更在於其擁有大學附近屋苑中相對規模較大的會所。不少留學生或教職員需要住在港大附近，他們很看重會所的健身設施，因為初到香港時未必經常週末出街，選擇一個擁有良好會所的屋苑可讓他們時常去健身，屬於一個不錯的選擇。

至於「隔條街」的【嘉輝花園】呎價已跌至$14,000，接近新界價，跌幅達30%。如果你有到附近考察，便會明白【嘉輝花園】近日正在進行大維修，雖然說早一兩年已經由法團籌辦，但一旦工程展開，確實會令一批業主加快平價出貨。在香港睇樓，需要實地觀察，才能更細微地與大家分辨。

收息類投資物初探（2）
債券、債基

「雷曼債券」其實唔係債券

一講到債券投資，港人印象最深的，莫過於2008年金融海嘯後「呃咗阿婆錢」的雷曼債券。「雷曼債券」是由已倒閉的「雷曼兄弟」所發行的，不過有發行同種類「債券」的不只雷曼，其他公司都有發行，大家只不過習慣把「累你輸錢的債券」統稱為「雷曼」、「迷債」等等。

「雷曼債券」其實唔係債券，而係一種衍生物，即幾個期權再加信債掉期嗰種，複雜到你唔信；而設計出呢樣嘢嘅人，就已經發咗達！其運作原理就係你畀錢出嚟之後，佢就將大部分錢攞去買美國國債，但同時你亦自動參加咗一個「賭博」計劃——買咗份包含了五至七間公司的一籃子契約，如果該籃子公司喺幾年內倒閉，你就要將原本買咗美國國債嘅錢賠畀「賭博對手」；唔倒閉就每季收息，4-8%年息不等。呢個玩法，由2004-2008年都相安無事，不過喺2008年真係有籃子入面嘅一間公司執咗，就係雷曼啦！

雷曼倒閉，有兩類投資物受損，第一當然是雷曼自己發行的「債券」，即衍生物；另一是籃子中包含雷曼的衍生物。條文裡講

明只要七間公司入面其中一間執咗，買者都會total loss。不少銀行客仔都投訴話銀行職員冇同佢講過「只要其中一間執咗，都要全蝕」，筆者都相信肯定當中有幾個個案確實如此，但文件都簽晒，唔通真係同銀行打官司咩？況且銀行大條道理話客仔由2005年買起收6%年息都收咗幾年，做咩2009年出事後先嘈呢？客仔同銀行因此僵持了大半年時間，直至2010年海嘯漸退，之前買入的美國國債回升不少，銀行計過數知自己賠唔係好多之後，倒不如使些少錢，打發門口日日嘈嘅公公婆婆。

此役令你知道兩件事：一是有錢人不能得罪，二是有時間兼好很得閒嘅阿婆都唔好亂得罪！普通市民當初不細想就買入，因大部分人都相信該投資物上冠有「債券」名稱，理當風險不大。而批出該投資物可用「債券」之名的，不是證監會麼？呢單嘢如果由證監燒上去，就一定燒到財爺度，那不如先出手「斬殺」市民及銀行，一場雷曼風波到此幾近平息。另外有人買咗雷曼出嘅股票掛鉤同埋窩輪，此等人要輸錢實在難免；就好似你存錢喺該銀行而及後倒閉，你唔係諗住攞返呀？當然現今香港有存款保障計劃，是每人頭可獲每銀行保障$50萬，已比其他地區已強多了！

用咗一段篇幅講雷曼，係時候「返正途」談談債券。債券報價喺股票機比較難搵到，你可以去金管網頁搵到債券報價網站：https://www.cmu.org.hk

解構債券報價

下方例子可見由中國銀行提供報價，發行人為中國農業發展銀行的債券。風險在於中國農業發展銀行會否違約或倒閉。本例子只作教學用途，詳情及銷售文件可向報價者索取。

報價商	中國銀行（香港）
發行商	中國農業發展銀行
貨幣	CNY
票息（%）	3.2
到期日（yyyy/mm/dd）	2025/01/19
買入價（%）	98.92
賣出價（%）	101.22
買入孳息率　（%）	3.95
發售孳息率　（%）	2.35
評級 - 穆迪投資	
評級 - 標準普爾	
派息期	每半年
最低面值	10,000.00
債券騙號	BCHKFB12037
ISIN	HK0000098746

◉ISIN

這是債券之編號，和股票號碼作用一樣。

●收費

留意呢隻係人仔債，即係用人民幣結算；它亦有個花名——「點心債」，因為是以人民幣計價的海外發行債券。債券買賣一般不收佣金（commission），但有買賣差價。出界你就101.22，收回就98.92，你見到個出入價爭成2.x%（101.22 ÷ 98.92），其實唔算係平。

●回報

投資一定要講回報，此債券票息為3.2%，但發售孳息率為2.35%，那究竟我買咗一手（即RMB10,000）要用幾錢同收幾多息呢？答案係你要先界10,122（因賣出是101.22）去買入價值10,000的債券一張，而該債券每半年界160利息你，全年便收320息（即3.2%）。假設你於2023年界突咗122去買入該張債券，如果你持有至到期日2025/01/19，中間合共收了三次息，哪麼你實在的回報為：

$$[(160 + 160 + 160 - 122) \div 10,000] \times 100\% \times (距到期日數 \div 365) = 2.35\%$$

上文係筆者在銀行工作多年，向對債券有興趣的客戶常解答的問題。筆者最能幫你的，就是列出一大堆港人和內地人都想問的投資問題。至於經濟學家鑽研的課題，一來我未必識，二來你冇興趣聽。所以文章都是實用性高的好！

直債和債基的分別

「直債」和「債基」有什麼分別呢？

「直債」是到期保本，入場費較高一些。直債可以是銀行、地產發展商、外資銀行、外資物流公司、保險公司自己直接發行的債券，例如您熟悉的AXA或Zurich等外國保險公司；除了公司有發行債券外，即使是泰國政府也有發行債券。當然，不同的債券發行人評級也有所不同，如果選擇正確並適當分散投資，直債的回報接近債基。直債的年息在6-10厘之間，到期保本，每年派息2-4次不等，具體視乎您的選擇。

至於債基，9.4厘，好似圖中見的派息記錄，投資人不需要槓桿就已經做到。

Date	NAV	DIV
2023-08-15	6.6	0.052
2023-07-18	6.7	0.052
2023-06-15	7.0	0.054
2023-05-15	7.0	0.055
2023-04-17	7.3	0.058
2023-03-15	7.6	0.060
2023-02-15	7.8	0.057
2023-01-16	7.9	0.032
2022-12-15	7.5	0.032

債基A餐不槓桿

$0.052*12 / 6.6 \sim 9.4\%$息率

直債和債基的回報，都會比投資劏房、甚或學生宿舍低一點。留意圖中提及過的債基收9厘多，這是不需要槓桿的。至於劏房，由於牽涉到按揭，所以是有槓桿的。但如果將債基槓桿，就當融資成本較高，也是把派息槓至10-15%年息區間；如果美國減息，令融資成本下降，那麼債基槓桿的回報更吸引，但投資者必須注意風險。

債基怎樣選擇呢？

債基應該怎樣選擇呢？你可以考慮以下幾個事項：

1. 持有債券的信貸評級分佈
2. 債基持有股票和債券的比例
3. 存續期
4. 標準風險差
5. 持倉數量（number of holding）

稍後會解釋這幾項對於債基選擇的重要性。

「基金」一般是指證監批准的集成投資計劃，計劃內會按基金經理意願來買入不同直債。「直債」暫時可視為與「債券」屬同一類別。

例如這隻債基，它持有1,212條債券。我較少像銀行那樣只介紹債基的top 10 holdings，實際上，查看fund factsheet的top 10 holdings沒什麼作用，實際上，查看基金事實表上的top 10 holdings沒什麼作用。因為當你持有上千條直債時，top 10 holdings所佔的比例其實很少，可能只佔總基金投資的3%-10%。因此，top 10 holdings代表基金的整體投資情況。

分散投資於成千條債券的好處是，如果其中一家公司倒閉，對債基價格的影響不大。當然，要確保這些直債在行業上不會過於集中。譬如，如果你的債基是大中華地區的房地產基金，而整個大中華房產行業不景氣，那風險就會較高。

▶ 要點一：債券評級

在選擇方面，可以參考評級。例如，根據Morningstar的數據，AAA級的債券佔11.96%，AA級佔0.72%，A級佔3.18%，即「A」級及以上的債券，共佔15%。BBB級債券佔18.91%，而BBB級也是投資級別。所以，從AAA、AA、A到BBB，這些投資級別的債券加起來佔了三成多。以這個標準來看，我個人認為這樣的債基還不錯。你也可以把這作為選擇債基的準則之一。

請注意，如果你的債基派息率在6-9厘，代表當中不會全部投資於A級債券。因為A級債券的收益率大多只有3-4厘左右，與中國銀行或渣打銀行的定期存款利率相近。所以，債基必須混入一些BBB級或Single B級的債券。例如，泰國國債是BBB級，Single B級是更低一級的公司債券，才能提供6-9厘的收益。一旦債基內包含千多條債券，風險相對會降低。

比較債券基金時，可以將兩隻債券基金放在一起，首先看它們的債券評級，比較一下那隻的A級評級債券含量較高，誰的含量較低。這是一個入門也是最容易理解的標準，我相信即使在銀行或證券行，他們也會向你看這個指標。

▶ 要點二：存續期

接下來要看的是「存續期」，然而，一般銀行或證券行的從業人員可能太忙而未必會對此作詳細解釋。其實「存續期」是指該基金所持有的所有債券的平均到期日。例如前文提過那隻持有過千條債券的基金，「存續期」就是這些債券的平均到期日。舉例來說，如果我持有一條五年後到期的債券，那這條債券的存續期就是「5」；而另外一條十年後到期的債券，其存續期就是「10」。

在加減息的情況下，存續期較長（10）的債券波動會比較大。這是因為到期時間越長的債券，其未派息的佔比越高，這意味著目前債券的價值，主要由其未來未派的利息和本金的折現值（discount rate）決定。未派的利息越多，利率變動對其價格的影響就越大。因此，如果你不希望價格太過波動，而是希望穩健收息的話，就應該選擇存續期較低（5）的債券基金。

或者舉多一個日常例子，當你媽媽（貴母親）告訴你，她很厲害地找到一個很高利率的定期存款，有5厘利息，你心想「5厘真的很厲害，我自己做才4.8厘。」當你問她哪裡找到這麼高的利息時，她回答說：「是在ABC銀行做了一個18個月、一年半的定期存款，利率是5厘。」你心想，其實做三個月的定期存款都有4.8厘，尤其在預期減息的情況下，鎖定18個月的5%定期存款並不是一個好deal。

在剛才的例子中，首先你應該明白，並不是利率越高的定期存款就越好，還要看它鎖定你的資金多久。這就像債券一樣，如果有一隻債券基金，其收益率是7厘，但存續期是七年；另一隻債券基金的收益率是6.8厘，但存續期是3。雖然債券基金不會鎖定你的資金，因為它沒有固定期限，可以隨時買賣，但它仍會受到加息或減息的影響，導致價格波動。直債亦然。但直債有一個額外的保護，就是到期價格一定會回到100，這有保本保證！

當然要選擇存續期較短、價格不太高的。如果兩者的收益率差不遠，那麼選擇價格較低的那一個更好。這就像在證券行買債券基金，不一定要通過銀行。證券行可能給你兩種債券基金選擇，並建議你選擇收益率7厘的那一個，因為利息較高。但如果你同時考慮存續期，則不一定要依據債券基金的高收益率做決定。此外，上文提到的評級分佈也很重要。

▶ 要點三：持倉數量

之前提到的持倉數量（number of holdings），為什麼這麼重要呢？比如說，如果一個債券基金持有1,212隻債券，並不是持有的債券越多越好；但如果少於200隻債券，那麼你的資金就只分散在100-200隻債券上，甚至可能只買40-50隻債券，這樣就無法有效對沖單一公司倒閉的風險。購買債券基金的一個好處是，即使其中一間公司倒閉，影響也不大，因為資金被分散到許多債券上。如果基金投資在1,000-2,000隻債券上，即使一間公司倒閉，損失也會相對較小，因風險得到充分對沖。但如果只分散在幾十隻債券上，一旦有公司倒閉，問題就會很大，因此需要注意number of holding。此外，存續期也要留意。比較債券評級的portfolio是最容易，也最值得做的。

有些學生會問，為什麼這個債券基金的債券holding是100.3%（比100%還大），而且還持有28%的現金？這是因為該債券基金利用槓桿購買債券，使得總持有量超過100%。

▶ 要點四：Standard Deviation（標準差）

另外一個需要關注的指標是standard deviation（標準差），這也很重要，因為標準差代表了債券基金價格波動的幅度。標準差的概念可以應用在股票、基金或是直債上，其意思是：如果standard deviation越高，代表該股票或債券基金的價格波動越大。可能很多人在中學時都學過標standard deviation，可能提到這裡更可能會勾起大家小時候讀書的一些不快的回憶，先說聲不好意思，但其實它真的在現實中有用。

因此，為何standard deviation越大，就代表風險越高，你應該已經明白這一點。如果有得選擇的話，我當然會選擇派息高而標準差低的債券基金。放心，你在選擇債券基金時不需要自己拿出中學的課本來計算，很多網站已經幫你計算好了standard deviation。但我們還是需要了解它的原理，所以下面再次說明一下。

先說standard deviation與distribution的關係。世間上很多事情的結果都是依著normal distribution（正態分佈），例如學生成績的分佈，大部分學生的成績會集中在mean（平均值）附近，而一個standard derivation內包含了約70%的學生分數。同樣地，股票或投資物的價格也是如此，只要參與的人足夠多，投資回報的結果也會依照正態分佈。

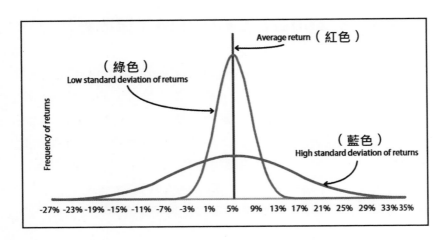

這裡有兩個常態分布的例子，一個是尖一些的綠色常態分布，另一個是平一些的藍色常態分布。綠色常態分布的例子是港燈，它的收市價波動不大；藍色的例子是中國建材，它的股價波動較大。看看這幅圖，你以港燈當作例子，一年有大約255個交易日，所以它有255個收市價。先將這255個收市價總和再除以255，就能得到一個mean price（平均價格）；而mean price即是中間紅色線所示的average return（平均回報）。

中間的紅色線，是我把港燈過去255日的收市價相加，再除以255，得到的平均價是$55，即中間的紅色線代表的價格是$55。大家都知道，港燈的價格變化不大，通常在一年內，市況差時可能會降至$50，市況好時可能會升至$60。因此，你會發現港燈的價格分佈，大部分時間都是在中間位$55，市況好時可能會升到$60多，更好的

情況下甚至可能到$70；市況差的時候則在$50-$55之間，市況非常差時可能會降到$40多。

總的來說，港燈的價格非常接近中間值。這個綠色線就是港燈價格的常態分佈，而由於價格分佈較為集中在紅線附近，standard deviation較小。Standard deviation小表示價格波動不大，價格出現在$55附近的機會很大。

而藍色線代表的是中國建材的價格分佈。中國建材過去255個交易日的收市價加總，再除以255，例如得到的平均價是$4。在這一年內，最低收市價可能是$1，最高收市價可能是$7，因此，藍色線代表的常態分佈低位是$1，高位是$7，而價格常態分佈比較flat（分散）。在我們中學學到的統計學中，藍色線的常態分佈standard derivation(SD)較大，因為SD代表要距離mean多遠才能覆蓋68%的數據點，而兩個SD可以覆蓋96-97%的數據點。無論如何，SD就是一個數值，告訴你如何覆蓋68%的數據點。肯定的是，中國建材的SD大於港燈的SD，從而可以通過比較SD來量化投資風險，進行投資比較。

一些人茶餘飯後會與同事談談股票，有時候也會分享剛買了一隻股票而賺了錢。同事可能會隨即問這隻股票是否波動大。其實，波動大就意味著高風險，而這個波動性是可以計算的，就是用上述的SD。

談到基金，基金公司會計算並提供SD，但很少有人會提醒你注意這個數據。了解如何對比基金的各項資訊，可以讓你更精明地選擇基金，從而在投資中做出更明智的決定。最起碼，這樣可以保證你的投資更加穩健，至少能保住本金。

至於債券基金，我已經解釋了四種對比方法，希望這些資訊對你有所幫助。

直債和債基槓桿的四大風險

美國聯儲局將行減息，相信更多人會考慮將買入的直債或債基抵押給銀行或證券行，以槓桿方式增加派息回報。這種抵押直債或債基獲利的方法，利潤回報演算如下：

假設投入100萬的債基，債基本身的年息派息是7%。

銀行若然可為此債基提供的LTV（Loan-to-Value）為90%，即是抵押100萬可借出90萬，而借出的利率是3%。回報計算如下：
[(100萬 × 7%) + (90萬 × 7% - 90萬 × 3%)] ÷ 100萬
= [70,000 + (63,000 – 27,000)] ÷ 100萬
= 10.6%

首先，你要用$100萬買入債基，每年收取$70,000；而借出的90萬也會收取7%的利息，即收息$63,000。由於融資成本是3%，因此每年需付$27,000利息。槓桿部分的淨回報計為$36,000。一來一回，總回報就是$10.6萬；由於投資額是$100萬，那麼回報率就是10.6%。

不同銀行對不同債券類型配上不同的LTV（Margin Maintenance Level）比例。上述例子中的槓桿水平也算溫和。隨著利率從高

水平下降，融資成本會低於3%。這樣可能會回到2018年前槓桿債基和直債每年15%至20%回報的水平。當然，這個回報率非常好：15%的年回報，代表投資$200萬的話，每年有$30萬利息，也就是每月$25,000收入。$25,000已足夠在九龍租一個不錯的三房單位。

但需要注意的是，槓桿行為附有風險：

1. 一些海外證券行會隨時在凌晨調整LTV比例，而且只會用電郵通知你，如果你沒注意到，可能第二天早上起床就會被迫在低位斬倉。更何況，海外證券行只做少部分直債，債基和一些香港資本發行的直債通常找香港的銀行或證券行槓桿更為妥當。漏夜斬倉的情況可追溯到2020年，當時市場因COVID-19大跌，導致證券行斬倉賣光客人的貨品也無法補償其借貸上的損失；加上客人在海外證券行追債非常困難，當初開戶資料亦可能有錯誤，所以不如採取更嚴厲的call loan步驟，一有風聲就發電郵call loan。如果不想承受這種風險，請勿隨便使用一些證券行進行槓桿操作。

2. 有些人做了債類槓桿後，竟然連條債要跌多少才會觸發到call loan都無認識！銀行見你生客就九成要你槓盡的，可能因為客人買多佣多吧。槓多派息多當然客人起初很滿意，一旦遇上跌市投資物價格下跌，如配置不宜，即使只跌5-10%, 都很快引致call loan。一旦當時沒足夠現金，就因為只著重高息而整個

組合強行被liquidate。強制賣出liquidate之後，就當投資物價格回升都唔關你事。

3. 有時投資物本身沒下跌，不過債基的基金發行人本身信譽有問題，也會極快引致call loan，這在香港某些銀行也試過。香港有些基金公司賣盤給其他機構，銀行收到風後，就二話不說，立即向全部持有此基金公司的客人叫停及call loan。你可能試為銀行sell嘢是糊塗，但對於自己借了出去的錢，銀行倒是會很精明地看待的。

4. 不過，call loan又不是世界末日。其實你只要補倉，除了現金，銀行或證券行都會接受紙黃金作為抵押品。不過，有些人沒想過如何精明地為自己於跌市時預留資金。我和我的「收息101」學生已經歷過2013、2018、2020第一季、及2021年第一季起始的跌市，在低位就當真跌到要補倉，補完之後市況回順投資物價格回升，之前補下去的資金還是可重新提出來。

「賺價」類別投資物初探
股票、期權

股票及期權投資心法

▶ 股票升幅比樓更大

買股票是入股一間公司做其中一名股東，股權只要大股東同意便可以再印發。故股票本身屬虛無及無限發行，股票上漲的主因是人們對這盤生意的未來盈利有憧憬，而未來一間公司能賺幾多，主要都係睇個「故事」有幾好。因此，股票投資好處是有機會在短時間內獲爆發性10-20倍升幅，不像樓宇租金受附近的工資水平限制。香港樓的租金升幅過去40年計累升了6倍，樓價由1997年至今用大行指數計約升了50%，不槓桿買樓所獲同股票比確實係少。

一年升10倍的股票經常存在，所以股票的用處是獲得短線爆發性升幅。說回股票的出處，乃是源於荷蘭，在16世紀大航海時代，不少探險家及海員都想去南美探險，卻苦無資金，於是有人想出透過在碼頭為冒險船發行股權，大家夾份買關於這艘船的股權，而最後掠奪到的利益就會回到港口和大家平分；但同時亦要承受這艘船沒頂而最後零收益的風險。但買債就是成為債權人，可以要求債仔還債及到期時收回房子或本金。

股票投資優缺點明顯，股票不可長揸的原因，乃是由於人性——見到人家生意好，自然會有同類店舖去模仿抄襲，分薄客源，因此好生意不會持久且具自我摧毀的特性。因此，買股票應該hit and run，即「食」到最尾那段升幅就應該走，找下一盤生意投資。不要將股票投資美化到既穩陣又可長揸，不理有息收。如果閣下是一間上市公司的大股東，生意今年好，可能今年你真能做到有高息派發同時股價上升，但之後盤生意可能會因公司同事被其他人挖角，或者大股東自己都不想將現金白白作股息派出去，不排除將現金用作投資新業務。所以買股收息高極都有個限度，更隨時面對股價大跌風險。

▶ 期權玩法多多

期權很多時候是依賴於股票價格而衍生出的投資工具。例如，一張一個月後可以用60元買到匯豐一股的期權，如買入並持有至月尾，只要匯豐股價升穿$60，此期權價格即由$0升至大約當時匯豐股價減去$60元的價值。假設月初用$1買入此期權，到月尾匯豐股價升至$65，該期權之價格在一個月內由$1升至$5，大升500%。因此，期權都是透過投資概念而實現倍數的升幅，不屬於收息類別，主要以價差獲利。

當然，有人會使用short call的方法來獲取期權金，將期權金當作「利息」分派給持有人，並將期權稱作可以「派息」。需留意的是，此方法一旦遇上單邊市，收取期權金者會冒上必須以議定價格出售某股票的風險。例如，以$70 short call新鴻基，一旦到期時新鴻基股價升穿$70，授出期權的投資人需以高於$70的價格買入新鴻基股份，再以$70的價格賣給期權行使者以履行權利。此風險可能是無限，而回報僅是有限的期權金，未完全理解者不宜輕易使用期權，更不應把「收取期權金」視為「收息」。

 # 判斷股市入市位

判斷一隻股票應該什麼時候買賣，其中一個方法是看它與當地指數的相對價值，而不是單單看其股價。例如：「阿里巴巴由$200多跌到$90，好抵買，是嗎？」相信不少有經驗的股票投資者已有答案。因此，股價下跌並不意味著抵買。例如，一隻港股原本跑輸恒生指數，在它轉為跑贏恒生指數的那一刻，才算是值得買入。

在股票市場中，由於人多口雜，很多人忘記了一些非常重要的道理。他們用自己辛苦賺來的錢買股票，但做出買入決定時，往往只是道聽途說，沒有一套良好的方法，最終使辛苦存來的錢白白輸給上市公司或其他市場參與者。

幾時由「跑輸轉為跑贏」？可以看相對價。好像上圖橙色線代表恒生指數，陰陽燭是匯豐（0005），顯示由2020年至2023

年的匯豐及恒生指數走勢。橙色線在2000年至2021年的頭半年，大幅跑贏陰陽燭，即是恒指跑贏了匯豐(0005)的股價，在2021年第一季恒指見頂，很多人買ATMX股份，例如騰訊、小米等；另一邊廂卻嘲笑匯豐股價「升不起來」；新聞也大量報導對匯豐的不看好，指出匯豐基本面不好，盈利不足，建議不如買騰訊。我們這樣說並不是指新聞沒有用，只是新聞資訊量大，當中值得關注的資訊可能只有20%。

說回幾時「轉跑贏」。第一個值得考慮的訊號在2022年頭，見匯豐這只股票的陰陽燭逐漸向上，而橙色線逐漸向下，剛好在2022年首季「兩線換位」，即是陰陽燭在上而橙色線在下方。換言之，到2022年初，恒指由跑贏匯豐，變成跑輸匯豐。相對而言，匯豐股價由弱勢變強勢，這時你值得跟進。就像一個學生開始顯示出進步的勢頭，老師更應該給予指導和幫助。

你買股票如只看價格，而不考慮相對價值，就如同單純用一個學生的數學科成績70分來判斷他考得好不好，而並非「拉curve」。其實沒有絕對的答案。如果全級數學平均分是60，而該學生考了70分，他就很優秀；但如果試卷很簡單，全部同學都考80幾、90分，該學生只考70分，那麼他就需要更加努力。這個道理每個家長，甚至小朋友都明白！

但是在股票市場，很多人卻不明白這一點，結果把錢無端端地輸掉。

技術分析 vs 基本分析

匯豐股價自2022年起跑贏恒指，而恒指在2021年確認見頂後，橙色線一路向下，代表匯豐的陰陽燭則繼續向上。分析成交量大的股票時，不太需要考慮基本面。換句話說，匯豐擁有如此多的業務，再加上先後收購了平保及出售加拿大分支，要從基本面來分析匯豐，相信不是一兩個人能完成的事情，更何況股價一開市就會變動。大成交量股份的股價走勢反映了眾多投資者的出價，因此技術分析其股價走勢更具參考價值。

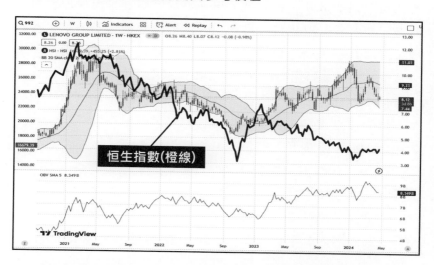

上圖為聯想（992）於2021年至2024年初的股價走勢的一年圖。採用與上文分析匯豐股價相似的方法，橙色線代表恒指走

勢，而陰陽燭則代表聯想（992）的股價。從圖可見，2023年初之前，橙色線位於陰陽燭上方，即恒指跑贏聯想。然而，自2023年第一季度開始，聯想跑贏恒指。在兩線交叉時買入聯想，或者更仔細地使用期權組合策略，即一邊買入看漲的認購期權，另一邊認沽恒指，這樣即使投資判斷錯誤，也能有一定的保護性來防止損失。

既然提到技術分析，在此介紹我常用的技術指標——保歷加通道。圖中可以看到保歷加通道的陰影包裹著陰陽燭，這個通道主要用來觀察某股份或指數是否進入單邊市場或是上落市。股價確實是一係升、一係跌、一係就橫行唔郁，而保歷加通道的擴張表示股份或指數已進入上升或下跌階段。例如在上升階段，可以持有正股以獲利；如果進入單邊市，要麼不理（反正少升少跌），或轉用期權short call賺取期權金。

除了保力加通道之外，還有OBV（成交量淨額，On-Balance Volume）。圖表下方的線，自成一個小圖表，位於左上角標明「OBV」。這個指標表達了聯想股份的買盤多還是沽盤多，重點不在於交易的次數，而是在於掛盤想做成交的數量。當OBV的數字上升，表示買入力量增強，這通常利好股價上升；相反，當數字下跌，則表示賣出壓力加大，不利於後市走勢。

很多人買股票只看股價,這過於表面。除了前面提到的相對價格分析之外,觀察一隻股票的買入力量相對於賣出力量,更容易判斷股票的走勢轉折點。投資股票,簡單來說,就是要找出一段升跌行情的終結點,即股價何時從升轉跌或者由跌轉升。了解這一點非常關鍵。

Losing United:
期權的輸無限和「贏粒糖輸間廠」

其實這裡想指的是（Losing Unlimited）。說回期權，可以分為「指數期權」和「股票期權」。指數期權是基於一個指數（如恒生指數）未來的升跌進行交易，而股票期權則是基於一隻股票未來的升跌進行交易。期權類型分為看漲期權（Call）和看跌期權（Put），加上交易方向的買入和賣出，可以組成四種基礎策略：

● **買入看漲期權(Long Call)**

● **賣出看漲期權(Short Call)**

● **買入看跌期權(Long Put)**

● **賣出看跌期權(Short Put)**

▶ 期權基本Call、Put 四式

期權就是一張合約，當中包含了幾個主要部份。如這張合約的目的是「一個月後用$60買入匯豐」，那麼這幾個部分便會是：

時期：一個月

標的物：匯豐

行使價：$60

根據上述股票期權例子：

1. 買入看漲期權（Long Call）：投資者通常認為未來股價會上升。他們可以在期權到期前賣出期權，或者一旦行使權利，就能以行使價買入股票。

2. 賣出看漲期權（Short Call）：投資者通常認為未來股價不會上升。如果對方行使權利，賣方必須以行使價賣出股票。

3. 買入看跌期權（Long Put）：投資者通常認為未來股價會下跌。他們可以在期權到期前賣出期權，或者一旦行使權利，就能以行使價賣出股票。

4. 賣出看跌期權（Short Put）：投資者通常認為未來股價不會下跌。如果對方行使權利，賣方必須以行使價買入股票。

期權的特性及買賣方法相信你在網上搜尋即可找到，本書不詳述。反而談談究竟何時及何人應用期權。

▶ 期權獨有的風險特性

由於期權只屬一張合約，沒有到期本金保本保證，因此希望穩賺息的人不應考慮期權買賣。然而，想倍賺、以小博大，肯花心力研究期權而獲得更快推動理財單車前輪的人，應該考慮期權。

買期權時，可以應用上文提及的保力加通道來判斷標的物現時是處於橫行市還是單邊市。如果確認是單邊市：

● **單邊看升時，可以使用看漲期權（Long Call）；**

● **單邊看跌時，可以使用看跌期權（Long Put）。**

相反，如果標的物處於橫行市，short call或short put就大排用場。這些策略在以下情況下特別有效：

● **Short Call：即合約到期時以議定價格賣出股票給對手（行內稱為「被人call貨」）；**

● **Short Put：即合約到期時以議定價格買入對手的股票。**

需要特別注意的是，如果沒有股票在手卻做short call，風險是無限的。因為一旦到期需要履行賣出股票的義務，而手上沒有股票，就需要在市場上買入股票以履行合約。此時，股價可能已經大幅上升，因此潛在損失是無限。

總結來說，期權投資只適合那些願意投入時間和精力研究市場、並承擔相應風險的投資者，而不是僅希望獲得穩定收益的投資者。

如果沒有觀察好市場是橫行還是進入單邊市，做short call或short put往往會讓人有「贏粒糖，輸間廠」的感覺。雖然收取的只是期權金（有些人會誤以為這是利息），但一旦股價大跌，short put的投資者仍然需要用之前未跌的股價接貨。

例如，早年不少人在$200時做了阿里巴巴（9988）的short put，當接貨時，阿里巴巴的股價已經跌到了$100，導致投資者蒙受巨大損失。

最後一句：至於你睇到呢本書嗰陣，我希望阿里巴巴股價是……

理財個案

Q 自置樓蝕入肉每日擔驚受怕 投資新手應否賣樓?

諗Sir:

希望諗Sir能夠指點迷律。本人39歲,家庭主婦;丈夫40歲,月入約$100,000;小朋友5歲。家庭財政情況如下:

● **2017年約590萬購入屯門【卓爾居】兩房單位(丈夫名下),尚欠按揭約$410萬,現時估價約$530萬,按揭供款$19,000;現時出租,租金收入$14,000;**

● **一家人租九龍區三房單位,每月租金支出$29,000;**

● **現持有現金約$200萬;家庭每月儲蓄只有約$10,000。**

本人和丈夫對投資和買樓都是新手,因為自置樓蝕入肉所以每日擔驚受怕。希望諗Sir指點應該如何處理手上物業和資金才是正確:例如是否應該這個時候將卓爾居賣換九龍三房自住?還是應用我名多買一層收租?

感謝諗Sir!

彷徨媽媽上

假設樓價在其後兩年升20%,即城市指數大約到172點,讀者間【卓爾居】兩房市值為530 × 1.2 = ~636萬,按揭欠款估計降至$400萬,到時賣出可回籠資金$(636 - 400)萬 = 236萬。

假設樓價在其後兩年再跌20%,即城市指數大約跌至114點,讀者間【卓爾居】兩房市值為530×0.8=~424萬,按揭欠款估計降至$400萬,仍未負資產。如有需要,可把按揭延長至30年,令月供降至$(400÷252)萬=~$15,800。或照每月供$19,000可也。

在財務進度上,讀者家庭每月能儲蓄$10,000,即兩年後家庭現金儲蓄將達到$224,000。若持續儲蓄10年,家庭現金水平將達到$320萬。由此可見,讀者現時每月儲蓄$10,000,即使多儲10年都無用。將$200萬同$320萬拎去收息,當畀夠5%,每月收到的利息都只有分別為$200萬×5%÷12=$8,333同$320萬×5%÷12=$13,333的分別。更何況,屆時讀者和配偶都將接近50歲,想再努力改變生活,可能更沒有把握。

目前保留【卓爾居】的決定是明智的。在樓市已下調的情況下,下行(downside)風險有限,反正此供款額已是讀者預定支出的一部分。而且,上行(upside)潛力可觀,只要樓市從現在起升20%,或者樓市升10%後跟手搵我地powerteam有技巧地再賣貴10%,讀者便可以賺到約$236萬。這個數字如

果只靠每月儲蓄來達成，則需要20年。這亦能讓大家看到一般打工仔有樓揸手的重要性，趁後生運用好樓的槓桿，可助你賺到大半世人先儲到嘅錢。

萬一樓市向下怎麼辦？ 其實就當真係負資產，又有幾可會call loan？更有人拎香港賣樓賺到嘅錢，已夠去外地嘆世界。

相對換九龍三房，或者再加一宅？考慮到讀者家庭只有先生一人工作，按揭未必夠計之外，亦令家庭負擔超出負荷。即使而家樓市升跌20%，對讀者的影響仍不大，但讀者已「每日擔驚受怕」，若再增加房產，買入過千萬的三房，實為不智。

按揭計算顯示，讀者年薪$10萬，最多可借款約5 × 2.52 = ~$1,260萬。【卓爾居】已用去$410萬借貸能力，餘下約$850萬借貸力。如果買入類似於現時租住的市價約$1,500萬的房產，需要$650萬首期及借盡$850萬。對於目前儲蓄僅$200萬的家庭而言，這樣的舉動太冒險。而且，$1,500萬的房產成交較少，未來要出售也不容易找到買家。

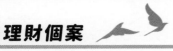

Q $400萬產出$40,000月入可提早退休？

依據我現時的經濟狀況，6-7年後能否有能力提前退休？

● 先生47歲，專業人士，每月收入$128,000。

● 名下有一個「四小龍」單位，銀行估價為$800-850萬，按揭貸款餘額為$300萬，目前自住。

● 太太45歲，半退休狀態，每月收入$35,000，有收入證明。

● 我們持有市區一個三房居屋單位，無補地價，估值約$600萬，無按揭，現由家人居住。

● 持有$100萬的收息基金，每月收$6,000；有年金作扣稅。

● $50萬現金

● 小朋友在國際學校就讀，加上工人、養車、四大長老要供養扣除每月支出，每月平均可儲大約$20,000-30,000。

曾考慮現在賣掉兩個單位，帶著孩子到國外繼續讀小學並提前退休。但以我們的年紀，在外國或許仍能找到工作，但收入會大減。

還是有更好的方案可以支持我們，讓我們等到孩子上中學後便有被動收入，可以在陪同他去國外的同時退休？

請賜教。

A 我建議讀者多產出被動收入，才考慮離開香港，令他日有更多選擇。讀者這年紀如果四大長老一入醫院，自己同他女在外國但又打工行唔開，既要兼顧適應外國生活，又要來回香港，將很大壓力。不如先快搞好錢的問題，再看如何陪小朋友出國。

讀者已開始試買一些收息基金，年息收約6.7%。收息基金在2022年至2023年頭半年做得不好,但現在於低位慢慢回升，不妨趁有訊號時加注再買收息基金，當然收息基金要選擇得好，不是每一隻基金也值得買。另外債基可做槓桿，今年回報去到10厘，等於定期的2.5至3倍息都可以，即是$100萬投入，一個月收$9,000幾，提高現金流產出效率。

第二件應該做的事，就是賣出居屋，即使有家人住都要賣走。賣走了就當未補地價，都應可收回$500萬資金。這筆錢可去收息或者去買樓收租。買樓收租，用收回來的租夠反租一間屋給家人，而該新買房更好租值或者更新，看他如何選擇。居屋供應應該會增加，加上50年擔保期令30年的舊居屋都可上會，在供應增加的情況下持有居屋，不是上計。

我一有資金回籠，就會去買一些較小且舊的單位，改造成學生宿舍或者劏房。現在樓價下調，很多洋樓都呎價都是大約$7,000，即一間440呎的洋樓（可開到四間套房）市價約為$300萬。我當你

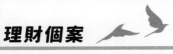

$300萬full paid買入一個單位，現時房間租金約為$5,500計，440平方呎可開四個房間，即月租收入$22,000，加上差餉及管理費便宜，每月正現金流為$22,000 - $500 - $700 = $20,700。

那你有$400萬，最簡單的做法是用$300萬做套房或宿舍，$100萬投入債基，年收益10%，月息槓桿後每月收益約$9,000，月收入為$20,700 + $9,000，接近$30,000。我們幫學生set up過不少案例，有辦你睇，每月現金流可達30000元以上。

那$300萬如何可做到五成首期上會呢？即150萬首期，另借50%即150萬。選對樓按揭月供大約每月$6,000多，而租金收入是每月$22,000，扣除雜費後，由套房產生的每月正現金流約為$14,000-$15,000。付出的首期只有$150萬，月收入接近$15,000的被動收入，即年回報率為$15,000 × 15 ÷ $150萬 = 12%。如果再進一步，夫妻每人一間套房收租，$400萬分配如下：

● $150萬做套房，月現金流$15,000
● $150萬做學生宿舍，月現金流$15,000
● $100萬債基槓桿，月現金流$9,000

夫妻在這樣安排下，不用繳納7.5%的高印花稅，也可以一人持有多於一間住宅，即$400萬現金可產生近$40,000的月正現金流。

**Q 新手買樓必閱本文
免浪費無謂錢及揀對屋苑**

諗Sir,

好後悔咁遲先醒覺要學習財富管理……經朋友推介而認識你,想請教一吓有關置業問題。

本人35歲,穩定月入\$58,000,現界緊市值租金住家人元朗物業,在收看老師你的影片後,明白到若要資產要平衡,必須有最少一個物業。我同意唔靠資產膨脹,好難儲到千幾萬退休。本人亦打算年內結婚生仔,所以開始睇樓,target \$800萬的三房單位。由於我是新新手,搵樓時我都係由熟悉區分開始睇,見元朗普遍樓齡都接近20年,更平的可能有30-40年,但近日反而見有些單位樓價不跌反升。

身邊朋友建議應該買出市區的樓。屯門青山公路亦有睇過,覺得環境都幾好,請問可考慮嗎?想請教諗Sir我應該點樣揀?另外,我有\$100萬儲蓄,可以用來收息津貼自己做雙租,如出市區租三房可行嗎?

另外,想請問如果報你的課程,應該選「永續收入課程」還是「收息101」?你最近promo的power team費用是否已經包含網上課堂?

A 買樓選擇區域和屋苑時，最好選擇一個大部分業主賣樓時能夠贏錢的地方。每一單樓市成交背後業主是賺定蝕，網頁上已可查到。以讀者居住的元朗附近為例，天水圍【Wetland】或【Park YOHO】屋苑的業主沒有怎麼賺價。購買這類屋苑的樓盤，他日你想出貨換樓，由於屋苑普遍都輸，或賺幅不大，便會影響賣價。

反之，【嘉湖山莊】附近的【Yoho West】新盤大賣，【嘉湖山莊】的成交呎價雖向下破底，但該屋苑很多業主都已早買進超過10年，不少業主依靠一間【嘉湖】賺錢，拿出百餘萬作為首期來買下一間絕對沒問題。這導致【Yoho West】只要第一張價單開價合理，就會造成超額認購。

朗屏站附近的新樓不太能賺錢。至於【YOHO】系列，原本第一期的【YOHO】及【新元中】那批業主是賺錢的，但很多業主已經升級賣樓再上【Grand YOHO】，購買力到【YOHO Hub】已見頂。如果讀者想在元朗買樓，一是買很舊的樓先住一陣，否則搬出兩個站去荃灣西或再到九龍買些舊一點的屋苑會是更好的選擇。

選擇舊單位時，可選擇已裝修的，這能省下裝修費。小朋友住到差不多讀完幼稚園再部署換樓，對新婚而言這樣最為妥當。大部分夫婦都要經歷幾年的新婚生活，等到BB出世後，生活習慣或者有改變，到時再決定住在哪裡才合適吧。

讀者也提過屯門東的掃管笏，當地有很多新盤買家並不賺錢。最似樣的【滿名山】都不見有批賺錢業主可托起當區樓市。

在九龍，兩房約$600多萬有選擇，例如黃埔那些雖然舊一點，但都算是好開始。荃灣西亦有$600幾萬兩房供應，樓齡約20年。至於錦上路【柏瓏】需要耐心等待，該住宅區還未成形，仲遲過【Wetland】那邊。

人生第一間樓，如果是打工仔而且家底不多，買些20年樓齡舊一點的單位即使是化妝樓也沒問題。化妝樓有不同程度，我們不應該非黑即白地認為化妝樓一定不好。有時化妝樓也能化得很漂亮，買入後住到裝修殘了再交給下手，等於整個裝修錢由銀行借給你；就當業主有裝修提價十幾萬，銀行分30年攤還，即月供多幾百元。供幾百元就當搞定有一定裝修的樓，這對新婚上車者更划算！反過來說，若要拿$30-40萬現金出來豪裝，倒不如趁年輕存多$30-40萬收息，日後人生會大不相同，不要年輕時浪費金錢在搬不走的裝修上。

Q 究竟如何部署才可實現「兩樓一份債」月收$30,000？

我是「TEDV79」的學生，目前有一個買樓的個案想請教，如蒙諗Sir解答，不勝感激。

我39歲，月入$28,000，老公月入$34,000，我們都是公務員。早年買入荃灣一個價值約$490萬的兩房單位，目前按揭尚欠370萬，該單位為我單名持有，因當時未有波叔plan。由於單位靠近返工地點，當年睇了幾間就買入了。

我們的流動資金如下：

現金：$40萬

股票：$20萬

基金：$8萬

現盤算著換樓，工資已升了10-15%。想換到九龍的一個兩房單位，但使費實在不少，而且我們的借貸能力是否足夠？還是保持現狀比較好？究竟要如何部署，才能實現「兩樓一份債」的目標？

任性的窮夫妻

A 綜觀讀者情況，認為他們換樓和置業上的計劃要節儉點。裝修方面常犯的錯誤，就是在年輕時花太多錢豪裝。例如花$30萬在裝修，但住了3-4年後又話要就小朋友讀書搬屋，每每個月花在裝修的錢平均約$10,000，對於一般打工仔來說，這確實太貴了！

樓價在過去兩年累跌了5-20%不等。但我們發現不少與我們睇樓的人，他們的買樓計劃不僅沒有減少預算，反而增加了；而且普遍是買大的單位，或轉去更好的區。預算增加的主要原因有兩個：第一，香港的失業率沒有大跌，但因不少人選擇移居，因此有些人反而升職加薪。許多打工仔保住了工作，想趁樓價下跌換上三房。第二，疫情後，生活模式變了，不會經常在夜市或唱卡拉OK，改為買外賣留在家吃，這使得支出減少了很多；更有人返深圳消費，降低了生活成本。人工不大變而儲蓄增加，實力反而強化了。

中國人都是以改善自己居住環境為主，讀者早已上車，現時手上已有已升值的荃灣物業，，可以靠賣樓取回首期換到九龍的房子，換出九龍樓。由於讀者未有提及有沒有子女，先不考慮三房，就當簡單買個九龍兩房。如有一個小朋友，兩房都足夠住。

讀者工資上調了10-15%，估計夫妻現工資約為太太$31,000及先生$37,500，計算出借貸力為(31,000 + 37,500) ÷ 10,000 × 50% × 2.52 = $863萬（假設沒有負債和零消費）。賣荃灣

的房子可拿回$120萬，再加上$863萬的借貸力，理論上在奧運站可以買到三房。今年年初我們買樓的Powerteam以$1,075萬在奧運站最近的屋苑成交了一個三房，是全屋苑近年最便宜的成交價。不過，這種「買盡」的理財模式，我及advisor並不建議。只有一般經紀為了佣金才會建議你借盡買，或者根本不計算你的財務狀況就叫你簽約。

買樓要先看成套牌才作出決定，而讀者建議他要省錢一點。如要大屋苑，不如考慮黃埔，$500多萬便有兩房，只是樓齡舊一點。$700-800萬可買奧運站基本兩房，$700萬頭可以買到「四小龍」的兩房。但我依然覺得預算$500多萬較好，這樣讀者可以留下一些現金來收息。現在40出頭，今次換樓更可拆出現金去收息，讀者賣荃灣樓拿回的$120萬，其中$60萬夠買$500多萬的九龍兩房，加上現在$40萬現金，那$100萬現金買債基收息。按9%的利息計算，一年可以收$90,000，即每月收$7,000幾。

那麼，讀者先生買了第一間樓之後，可以逐步再存錢買第二間樓。將債基的本金增加到$200萬，這樣每月被動收入可由$7,000多增加到$15,000。另外，第二間樓供款大部分完成後，可以收租，那麼兩樓一份債可以產生$7,000 + $7,000 + 預計的$15,000租金，共計$30,000收入，已經相當於目前收入的六成，這樣退休生活也會較為穩妥。

Q 幾百萬現金＋一間樓，如何產出$50,000/月被動收入？

諗Sir你好，已經報讀了你的「收息101」和買樓課程。也拜讀了你許多文章，感覺獲益良多且可惜沒能早一點發現你的網站。

本人本身也是在銀行返工，近來越來越覺得工作壓力非常之大，因此也在考慮提早退休或轉行的可能性。因此想向諗Sir你求教看看我的情況如何安排才好？

本人今年40歲單身，年收入大約$180萬（稅前），持有房產堅尼地城【嘉輝花園】兩房單位自住，估價約$600萬，加按後目前還有貸款$300萬，每月還款$11,000。浙江住宅單位，估價150萬人仔，full paid，目前空置。

持有US$60,000股票基金、另US$60,000亞洲債券基金。現金有HK$460萬，20萬人民幣。目標是產生被動收入每月至少HK$50,000，因為雖然自己收入高，但是花費一般每月也就在HK$30,000左右，HK$50,000應該已經可以應付到生活及每年1-2次的旅行開支。期望諗Sir可以幫手解答應該如何佈置，以增加自己的被動收入？香港的物業是否需要重新組合？

感謝！

不少人壓力越生巨大，移民去邊都唔係辦法，如能有現金在手，每月都有被動收入，基本上移民都唔使搞，長期旅居就可，這才是長遠解決問題之法。$460萬港幣做銀行定期5%息，一年收$23萬利息，即月入$20,000，雖未能達到讀者希望每月$50,000被動收入之目標，但產出的被動入息能隨通賬上升，免除銀紙貶值令收入唔夠使嘅風險。

【嘉輝花園】已達40年樓齡，趁樓價降了不妨換間分間房的單位為自己產出被動收入，或者唔想拆開間屋收租，可以考慮買間新淨且知名度較高的屋苑單位來保值。反正現時未有永久居留權，在香港買樓稅都是3%>7.5%，考慮到$400萬洋房間了套房收$22,000月租大有例子（我自己早在11年前setup那間，現時都收緊呢份月租），讀者賣了【嘉輝】回籠$200餘萬，拎$100萬首期買樓自住買新一點，再用$80萬投入洋樓做套房，那怕$400萬洋樓買要交7.5%（即$30萬）印花稅，多付的4%印花稅（因7.5%-3.5%）收半年租金就可以回本。

我們早在2017年就同大家實地踩入劏房，見識點解業主咁鍾意去將原本租值$10,000-$12,000的單位，分間至20-25%租值。你係街一般見劏房都租$5,000-$6,000一間（要有lift，唐樓做劏房就平D）。

特首施政報告提到劏房有優劣之分,預計將會為現有劏房發牌。估計這和不少發牌制度相似,已有的劏房可以用grandfather條款過關,之後新建的反而難以取得牌照。因此,在幾次我們和舊生聚會時,都幫忙將分間房收租加入收息組合。

讀者趁印花稅減少,將物業一拆二,分間房因此減少稅務問題,還能產出每月$10,000正現金流(如入手市值$400萬左右的物業)。為了達成$50,000正現金流的目標,尚欠的$30,000-$40,000正現金流,可以將$360萬投入直債+債基組合,把握近月債基已見低逐步回升之時吸納,我在2023年11月初於「收息103會員」影片中已提出可見底分段吸納,至今債基無論A/B/C餐(當中有好有弱)都跟我咁講升了一浸。未計佢地本身未槓桿都派7-9%年息,月月派息,9%是年息率。

因此,唔使搞什麼穩定幣又入金咁,將資金投入受監管的香港銀行,都有10-15%年息,比定期好3-4倍。由2003年至今穩定派息證監批嘅基金,從未走佬捲款而逃。

至於「收息101」學生,學習「執行」是關鍵。若執行上有錯誤,加上投資人連自己做緊乜都唔明,成盤收息計劃在自己無準備+無信心之情形下,就當起始產出利息達$30,000-$40,000,都難以長遠運作。債基即使不槓桿派10%,$360萬投入已可產出$30,000月息。我們的股樓債混合方案,只要讀

者將【嘉輝花園】重組，及把$460萬資金當中的$360萬投入可隨時贖回的債基/直債，已成$40,000-$50,000被動收入效果，更有把債券類隨時轉去外國存倉的配套。

Q 實現$1,800萬樓業主夢 如何逐步由零開始？

諗Sir你好：

想在40歲前購得夢想屋，並合理規劃退休生活，欲請給予建議，感激不盡。

本人：

● 33歲
● 月收入約$15萬，收入穩定
● 單身，與家人同住

支出：

● 每月支出$35,000
● 每月家用$5,000

資產：

● 定期存款$100萬
● 倫敦樓花（作投資收租用途，61.7萬英鎊），尚欠100萬英鎊尾數，預計在2023年底交付
● 股票資產$44.7萬

願望：

● 希望於40歲前買入市值$1,800萬元的自住房

問題：

1. $1,800萬的購房計劃是否不切實際？會否大大減低退休生活質素？

2. 如不切實際，較合理的負擔目標是什麼？或者應如何部署？

3. 是否應該轉而租房較好？

承蒙指教，謝謝！

 讀者借貸力為$150,000 ÷ 10,000 × 50% × 2.52 = ~$1,890萬。

但是要留意,除非政府放寬,否則$1,890萬以上的樓宇借貸只可以借七成,這意味著借盡約可有$1,300萬,需要$500萬首期。所以讀者的問題不是借貸力不足,而是首期未必足夠$500萬。至於買$1,800萬的樓需要$500萬首期,這是合理的。

財務狀況的改善需要逐步來,購買$1,800萬的樓對讀者來說,已經用盡所有借貸力。因此需要學習如何逐步達成理財方案,不要將資源為了完成一個夢想而用乾。一旦遇上樓市下行或其他問題,可能會出現個人理財危機。

另外,購買$1,800萬的樓宇印花稅接近$150萬,這筆開支不能忽略。

再提一點,剛才提及的$1,890萬理論借貸力,是假設沒有任何負債或擔保,且收入全數可核實。我們會跟用戶在買樓前逐一核對。讀者或假設不組家庭、退休收入更要趁早建立,不如趁現在香港勢頭,可以將營單位轉作學生宿舍,租值提高一倍。我們了解到未來香港會在不少地方設立副學士課程,將吸引來自內地的大量學生,數目以十萬計。將廣東省學生放入香港,至於佢地第時搵工就逐步做。

學生宿舍在新界區每間房收$5,000-$6,500，在九龍和香港是$6,500-$8,000。將三房改建至有五間房，在九龍區保守估計可以獲得$33,000的租金收入，而九龍區一般三房住宅租金整間租只是$18,000左右。這樣可提升一倍租金收入。這與讀者的$1,800萬住宅夢有何關聯呢？

購買1,800萬樓需支付近$150萬的印花稅，加上這筆印花稅，什麼也買不到。不如讀者考慮購買較細的單位，例如兩間學生宿舍，每間收租$35,000，供樓$18,000，即每間提供每月$15,000現金流。兩間宿舍的起始成本較低，兩間夾埋只需$280萬首期。如果人名不足夠，可以用家人名義購買起動。也可以更盡的考慮九成按揭。這樣兩間宿舍合計有$30,000的正現金流，足夠租$1,800萬的樓住一段時間。這樣可以避免枉花費近$150萬的印花稅，還毋須用盡全副身家及借貸力去完成夢想。

還有，學生不會報稅，且在香港少事項，加上分間4-8個租客更易收齊租，免去不少業主難題，希望幫到讀者。

Q 零收入不能坐以待斃 好爸爸長錢變短錢救亡

你好，實而不華的諗Sir，一路都有聽你嘅節目，今個月終於參加咗「買樓001」課程。

本人：

● 38歲

● 太太同年

● 兩個小朋友，四大長老需要照顧

● 目前貿易公司盈利在最近三個月零收入，無法繼續支撐嗉緊嘅生活開支，家中老幼需要照顧，實在不能坐以待斃。希望諗Sir可以幫我指點迷津，找個新出路。

資產狀況：

● 堅尼地城單幢高層估值約$1,000萬，出租中月租$20,000，供樓約$20,000

● 火炭工廈full paid，最近成交$300萬，月租$7,500

● 自住港島高層海景單位估值約$800萬，月供$12,000

現金及其他資產：

● 二人共有現金$155萬

● 公司應收賬$42萬

● 股票$25萬（主要都是蟹貨）

● 每月支出（包括自住樓供款）約$60,000

希望諗Sir你可以幫忙指點迷津，看看怎樣爭取收入。

A 讀者自住港島樓月供$12,000，就當拉最長30年還，月供$12,000表示結欠最盡只係$300萬左右，說明這間屋在新按揭政策下仲有錢可加按出來。政府放寬按揭政策可按到七成，最盡這間$800萬樓可以借$560萬，現在只欠$300萬，即是可以按到$260萬出來。

$260萬是短錢。問題是按出後每個月要供多$10,000攤長還，都是欠。不過先救了急問題，過了這關重整財務後，才把這$260萬還掉。

$260萬資金變相是個舒緩方案，有了這$260萬連同現金$155萬，即成$400萬。讀者加按後已是出到最後一至兩張牌，在收入近乎零情況下，這$400萬收息不應該買太多高風險產品。例如近期地產商的直債，有些人會打算去撈底，但這行為要有底氣（流動資金）才能做，讀者目前不能這樣做。有些人不懂分辨、或跟風做而唔睇大家的「斤兩差別」，會導致另一場慘劇。

為了降低風險，可以將這$400萬的一半放定期收息，例如港幣約4厘（希望未來一年能保持這個利率）。而另一半可以投資一些年回報達6%的直債，這些直債公司通常是高評級且現金流強勁的，就算不選擇香港地產發展商的直債，都可有此效果。其實，如果願意進取，8%-15%年息的直債到期保本也能做到。這個$400萬的組合平均提供5.5%的年息，即一年有$22萬利

息，再加上火炭工廈的租金收入$90,000一年，即讀者每年有$31萬的利息收入。

另一方面，讀者可能要想想四大長老如何部份照顧自己，將家庭每用支出壓縮到$50萬左右，即一年收息$31萬，而支出約50萬。就當生意無收入，每年只需貼20萬，連同供樓，咁就當個市差落去，佢都可以支撐很久。我們就是要為讀者部署在市場不好時增強個人財務抗逆能力。

另一方面，讀者可能需要考慮如何讓四大長老部分自我照顧，將家庭每年的支出壓縮到$50萬左右。即一年收息$31萬，而支出約$50萬，在生意無收入的情況下，每年只需貼$20萬，連同供樓，即使市場不景氣也可以支撐很久。我們要為讀者部署如何在市場不好時增強個人財務抗逆能力。

這樣做還保留了另一張牌，就是在讀者更窮時賣掉火炭工廈，收番$300萬，都夠頂好多年。總之現金流唔夠，就支撐得不久。有現金流就係每月有錢收，時間在你一邊。如沽走火炭工廈會令讀者收入月減$7,500，因此唔好亂賣。

收入減少自然要節流，這也是香港夜市不太繽紛的原因。不少人生意差，自然支出少。希望透過此方案為讀者爭取到更多時間，更有心情為生意及收入重建。

Q 老闆手揸$2,000萬仍心慌 停止輸錢向每月穩定收入出發

諗Sir，你好，

本人現年62歲，是101學生，現正安排退休，希望有穩健的現金流，希望諗sir 指點迷津。

財政狀況如下：

- 年齡：62歲

- 經營一門小生意，月入約$50,000

- 有一個舖位收租，租金$20,000

- 住在土瓜灣一個單幢式物業，建築面積650呎，兩房單位，樓齡38年

- 一個收租單位，深井【浪翠園】，828呎三房單位，樓齡28年，現正放租放賣

- 所有物業已經供滿

- 擁有市值$300萬股票，多是ETF，但虧損40%

- 定期存款$700萬

問題：

1. 是否應該優化物業？

2. 現在樓價向下，是否應該賣出深井的樓以改善居住環境？

3. 股票輸多贏少，是否應該轉投債券或其他投資工具以獲得穩定現金流？

4. 如何利用現有財富安享晚年，並對抗通脹？

請諗sir 賜教。

A 讀者錯過了兩件事。第一是應該趁年輕時將【浪翠園】持續加按，利用時間的效應去貶抑債務。例如20年前加按樓還$10,000隨著通脹，業主越還越輕鬆。留意買樓是用時間「磨」走債務，而唔係短期的升跌。所以，到老年時手上有多筆錢，是一件好事。

第二，投資前要充分了解，畢竟這是自己的血汗錢。股票和ETF本質不同，所以「現擁有市值$300萬股票，多是ETF」的說法是錯的，不論是贏還是蝕。ETF是交易所買賣基金（Exchange Traded Fund），而股票一般指香港上市公司發行的普通股（Ordinary Share）。基金和公司股權是兩回事，因此說擁有股票而其中是ETF是錯的。ETF可以內含股票、期權、外幣，還可以因基金章程而槓桿化投資物。而股票沒什麼管理章程，只要董事會同意，可以轉業務去非洲賣鞋，也能過港交所的管制完成大股東的agenda。所以買股票的時候，好考你睇唔睇到大股東的agenda。

操作方法應從小加注，不斷修改方法，直至搵到合自己風險水平且能賺錢的法門。一旦搵唔到或者無時間搵，表明買股買幣大賺未必適合你。讀者年紀已過60，手上住宅賣走未必可買回，銀行按揭最長可做至75歲，遲些更可能出現變化，所以讀

者預計能有13-15年的按揭期。這與年輕人相比，還款金額可能多一倍。

他亦可用做生意盤數去借，要先看他帳目盈利同交稅多少，起碼兩年公司帳目。不過公司上會到最後都要加個人擔保，其實同用個人名義借係沒分別。咁再行另一條數為資產證明，讀者淨資產值股票加定期起碼值$600多萬、有間供滿深井樓，再加舖位，應超過$2,000多萬，資產證明借第二間物業可借三成，即可借$600多萬。留意行資產證明效率較低，$2,000幾萬證明只可借$600幾萬，不過對於近退休又有些資產的人來說，都係個方法。問題係銀行分行一般人見到批資產證明都頭痕，遲些更加唔使諗。很多人聽到能用資產證明之法，就走去買樓落訂，即已中伏。

符合讀者安享晚年、對抗通脹的要求，可以考慮將深井樓加按部份資金投入債券。香港銀行很少講債，始終買債的客人長坐又無turnover，點會sell？ 就當近排被人傳的新鴻基地產，有些債賣$90多，4至5年後到期派3厘幾。這例子雖然「沒有什麼肉食」，旨在指出持有4年、年年收6%息的最穩當的投資也有，亦有些收息課舉的例子賺更多。

當然，如果新鴻基倒閉，這條債就不能兌現本金。有6%息的讀者亦可考慮將賺緊30%的股票投入保本直債，持有4-5年，年年收6%，咁都起碼拎返個本。買到熟手後，可以進取一點提高年息至8%，即以$300萬產出$24萬年息，每月有$20,000，夠基本使費。若在年輕時就肯買樓及做足加按及拿現金回贈，效果保證比現在更好！

Q 如何將自己打造成真正的 「人生勝利組」？ 34歲衝上雲霄

Lum Sir 您好，本人是Lum Sir的長期讀者，買樓收息堂學生。剛因物業樓齡已高（38年）而賣出尖沙咀的出租物業，希望 Lum Sir能指點如何適當部署，達至二樓一債的基本目標。

財政狀況如下：

● 4歲，航空公司從業員，年收入約$120-150萬

● 可動用投資額約$300萬

● 沒有任何債務

● 現居於以家人名義在2019年購入的東涌兩房500呎單位，借貸已用家人名義申請，按揭成數低於五成，可出租。同類物業市價約$630-680萬，出租約$15,000。

現考慮以下問題：

1. 再購入物業應該是用於出租還是自住？

2. 新物業的樓價範圍及地區？

3. 購入時間？

假設各種情景下的利弊如下：

A. 盡用借貸力

● 計劃：以槓桿為先，九成按揭購買近$1,000萬的稀有間隔兩至三房單位。

● 優點：用最少的資金hold住房產，靠通脹和時間來減少債務。

● 缺點：每月供款約$45,000，現金流向下，減慢第三步買債的時間。

● 高成數按揭可能需要自己搬入自住，選擇單位和地區受限（例如東涌800呎三房/啟德或奧運500呎兩房）。

B. 以目標為先，一步達成兩樓一債

B1. 買$700-800萬的兩房自住，出租現有東涌物業：

● 優點：$700萬物業，九成按揭，首期及雜費合計約$100-120萬，按揭政策較有利於$70-80萬升至$90-10萬的升幅；餘下資金可投資債市。

● 缺點：新購物業的地區自住限制，可能要放棄一部分生活質素和空間。

B2. 買出租房：

● 優點：不用遷居。

● 缺點：借貸成數高，現金流負數的機會大；若回報率好則樓齡較大；承擔高成數出租風險。例如啟德【Henley Park】380呎一房約$800萬，收租$17,000-19,000，若九成按揭月供約$35,000，現金流負$16,000未計雜費，不見可取。

C. 先買收息物，待市場回調

● 計劃：以現金流為先，投放資金於債基或保費融資。現樓市橫行，加上未見未來香港有前20年「龍市」的基本因素，故先產出現金流加快儲蓄，待市場大致成形再入市。現有自住樓居住不成問題。

● 優點：現金流充裕。

● 缺點：浪費時間值；樓市上行的風險；現金追不上通脹而貶值。

祝Lum Sir教學安康，直播瀏覽量更上一層樓。

窮中產學生敬上

A 讀者在事業方面做得不錯，從發問內容可以看出他是個有條理的人，思考清晰，因此收入相對較高，是合理的賽果。這次用一個有骨幹的分析給讀者，使用老套的SWOT Analysis 吧。

讀者相對較年輕，34歲，收入高超過$10萬一個月，以這個年齡來說已經不錯。由於早開始買樓，東涌單位的尚餘按揭已少於的樓價的50%，還有間尖沙咀樓剛賣出並收回$300萬，算是人生相對勝利了。

Strength：

人工好，銀行肯借，在樓市方面做得不錯,兩間樓只要在唔同年份入市，買錯價機會唔大，只要頭兩間樓拉平成本價買入即可，不要刻意追求係在低位入市。咩叫「高」同「低」？有人60歲都仲搵緊。贏過或喺樓市輸過後，都仲花時間追尋「佢想要的樓市低位」入市，最終浪費了一生。

Weakness：

管理資產知識不足。收入單一，主要來自打工收入。由於讀者未來資產會累積更多，值得花時間學習如何收息產出現金流。

Threat：

航空業未來重組機會很大，不要說$10萬月入，就算是$50,000月入的工也有很多人留意。明白讀者當然以轉去其他

航空公司工作，但這樣會不會令他難以申請按揭借錢呢？因為不常留在香港又跟海外公司打工，收入計作海外收入，只有海外收入不能高成數自住買樓上會。所以，有機會之後他不可再以高成數買樓。

Opportunity：

賣了尖沙咀樓收回那筆錢。Opportunity很多是之前做的功德，而不是抱怨「為什麼機會總不是到我手」。

讀者私下亦提供了現在和買樓power team搵緊嘅盤，估計偏向喜歡有海景、近海邊、規劃較好的地方。我曾考慮過屯門【瓏門】是否合適？既近機場，又可連接大灣區客路廣，而且是較為新淨的屋苑，細三房都是$1,000萬左右。不過，屯門的規劃不是太好，我想讀者未必喜歡。

因此，不妨將東涌的房子租出，應該也會有幾千元正現金流（因為結欠約$300餘萬，拉長30年還款，每月供款約$10,000，而租金收入$15,000），然後在荃灣西買$800-900萬的三房自住，唔使用盡$1,100萬預算，留些錢行埋收息擴大現金流。既然他能夠接受2004年的【君匯港】樓，那荃灣西很多樓都比2004年更新，加上荃灣西有海有規劃，剩下的就睇佢想唔想喺比東涌旺及人多的荃西，回機場也不遠。

賣尖沙咀樓收回$300萬，八成按揭上會買荃灣西或奧運兩房，首期應該在$160萬至$200萬之間便可以，那全數$300萬的資金，還剩下$100萬用作收息。現時34歲算是能接受風險，就從債基開始，不需要太穩陣買些保本的直債。

現時有不少直債，其價格在$80左右，更是由香港知名機構發出，五年左右到期，換言之買家未來五年幾乎保證賺到20-25%的價值之餘，年年穩收五至六厘息。五年回報加起來共60%，比市面上很多投資回報更好。

想在45歲有$70,000-80,000正現金流、甚至想退休的人很多。但成功總不可一蹴而就，讀者應趁年輕試著為自己產出$10,000-20,000的正現金流，了解過買債的好壞，然後透過由持牌金融機構發出的債收息，並堅持一段時間，才能在10年後產出$70,000-80,000現金流，此現金流甚至可以在香港、新加坡、澳洲產出。一下子在50歲就衝入嚟話「我而家要搞收息，聽日就要見效」嘅人，銀行最鐘意就係水呢類客。

當然，人生不單只是金錢。但有了金錢支援，才能更好應對家庭和事業上的種種挑戰。

直債與債基的不同用法？
$120萬收息9.4%？

諗sir你好：

● 小弟澳門人，36歲，同老婆結婚四年，有個八個月大的bb。

● 我月入約$70,000，老婆$40,000，暫時份工都算穩定。

● 有兩層樓，一層供剩$300萬左右，另一層供剩$400萬左右。

依家有約$120萬定期到期，想問下依家經濟狀況，應該點用呢 $120萬？

1. 供落去層樓到，月供輕鬆啲

2. 再做定期，約3.8年息

3. 其他投資

PS：之前有買過股票，但信錯股評人，都蝕得幾甘，所以對股 票有啲驚咗。

A 讀者說買股票錯信股評。但股評人應該沒有叫你一定要相信佢，大部分上得媒體都是持牌證券從業員，好少會咁講。始終是自己錢也要自己負責任，而股評人為什麼肯每天免費在媒體上講這麼多？背後的動機是什麼？我相信這值得深思。

一間公司現在上市的成本最平都幾千萬，而每年維持上市地位都需要幾百萬港幣。每年給幾百萬維持上市，當然有所圖。把生意做得差不多的上市公司主席，都是會計數的老闆。這些利害關係大家要明瞭。

先說我不是反對買股票，但股票往往是錦上添花，可以將理財進度加快，絕不應該作理財主軸。股價同時受大市及公司本身因素影響，連天氣天災都會有影響，放長線更難估計。至於「兩樓一份債」，屬很多初心學員的首個理財目標。走得到這一步再上看會否「一生三宅」，而三間樓其中或會是海外樓。

「兩樓一份債」的「兩樓」指一間房子收租，另一間房子自住。另外有$200-300萬持續收息，按6至8%年息計算，產出的被動收入約$30,000/月，勉強生活都應該夠。拿這筆錢去外國生活可能更豐裕！始終香港樓收租稅低，資訊流較好。

讀者已有兩間樓，沒透露是香港還是澳門樓，不能評論。那剩下$120萬又如何打理？ 應以產出現金流為目標，即「兩樓一份債」那「一債」這一項。讀者屬打工仔，大部份時間都給予公司，想未來生活改善，必先將愈多時間少放工作而轉投建設自己。即是從老闆「贖身」。

債基

本金不多者可試先用債基。債基和直債的不同是：債基是基金，本身入場碼$10萬HKD以內都可。近期不少網上媒體節目的「苦主」投訴錯買保險或外幣，但很少有人說買基金不妥當，主因近年證監大力規管下，銀行客戶經理不能不斷將客戶的基金出出入入，一個月內同時出完又入要有很強的解釋原因，所以無人sell。

基金當中確實是好，像我們說的純債券基金，只需HK$10萬便買到一個債券組合，試問一般人又點可以一次過買晒10-20間公司的債券呢？基金收取少量管理費，卻可助你達到這個目標。那又點解要買10-20間公司債券呢？因要去除單一公司倒閉風險。買了的直債，其公司業績差也無所謂，最擔心的是它倒閉。透過基金買十幾間的債券，確實很少十幾間公司一起倒閉的。

還有，債基可每月派息。見下圖，債券基金即使不做槓桿，派息在9%且長時間穩定（黑框），23年2月轉派高息0.057，而8月亦在0.050之上報0.052。但留意派息是不保證的。想保證可以直債或混合操作。

Date ↓	NAV		DIV
2023-08	6.6		0.052
2023-07	6.7	今年轉派	0.052
2023-06	7.0		0.054
2023-05	7.0	高息後派	0.055
2023-04	7.3		0.058
2023-03	7.6	息金額穩	0.060
2023-02	7.8		0.057
2023-01	7.9	定	0.032
2022-12	7.5		0.032
2022-11	7.4		0.032

A餐現派息率9.4%

直債

至於有較多資本的人，除了向債基槓桿方向發展，也可以考慮購買直債。直債不少是到期保本，尤其初心者，我們在「收息101」課程中會詳細教導如何開始買第一條直債。香港有不少知名銀行或發展商的直債息率，去年達到8%的回報，我自己也買入了一些香港以外的公司債，如新加坡的債券，在過去一年已證明分散了風險。新加坡的債券波動普遍比香港少，而收息僅比香港少一些。新加坡債市的問題主要是選擇少一些，但很少人需要大額去購買，所以問題不大。希望通過對直債及債基的比較及圖證，使大家能夠更了解其中的差異和優勢。

以外幣做收息組合的兩個壞處 財富傳承究竟邊個受益？

諗Sir您好！

小弟一直渴望達到財務自由，曾經擁有物業，但因一個錯誤的決定而賣了，令自己抱憾終生。後來睇到諗Sir嘅blog，深感自己做出了錯誤的選擇；但也因為有諗Sir的blog，重新燃起了一絲希望。之前唔識投資（現在都唔識），只能依靠銀行職員和基金經理，但結果是跌跌撞撞，最終是蝕錢收場。衷心希望諗Sir可以指點一下，幫助我重新出發，爭取時間，儘快達到財務自由。老年生活要過好D。

我是單身，47歲，與父母同住在公屋。一直想再次購置物業，但由於父母年紀已大，也不能只顧自己，同住方便照顧他們。再者，買房要搬離公屋，照顧會更難，而且我的資金和能力有限。工作前景也不明朗，種種原因讓我一直思緒混亂，不知如何是好。

由於小弟財務知識貧乏，怕再做錯決定，一錯難返。以下是我想到的幾個方案，請諗Sir指點一下，或提供其他方案，讓我儘快達到財務自由。家人能夠安心生活，萬分感激。

方案一：同弟弟夾份，用佢名買樓。弟弟想以低於＄500萬的價格，在屯門購置出租或將來自住的物業（睇過諗Sir同汪總意見，知屯門區有發展潛力）。佢未買過樓，目前租緊樓。由於他已步入中年（40歲），見樓價不斷上升，擔心再遲上車就供唔起，想趁還有能力時先買一間，然後逐步前進。如果我們各自買，第一唔夠首期，第二通過不了壓力測試，第三沒有人可以擔保，所以諗住夾份會好D。但他是自僱人士，自己公司每月出＄20,000畀自己（有出糧證明）。如買樓會出多D糧去過壓力測試。而且大家都唔想做擔保人，擔心將來買樓會有影響。如果買得成，是否應該畀保費做盡九成按揭？但除了要支付保費外，每月租金還不足以支付＄20,000的貸款，需要補貼＄9,000；定係畀多D錢做首期，例如只做七成的按揭，每月供少D，冇咁大壓力？那個屋苑好D？

方案二：使用我現有的資金進行投資（已報名參加「收息101」，7月開始上課）。當累積多D首期，可借少一些；當通過壓力測試後，再買入物業（想在葵青區購置現價＄600萬的兩

房物業，如果能儲存到六成的首期，即$360萬，借240萬，每月還款$10,000，便能通過壓力測試，並且有$5,000的租金收入）。但房價一直在升，不知道是否追得上。

方案三：抽資助房屋。雖然知道比不上私樓，且機會渺茫，更可能60歲都未抽到，但有個安樂窩，心情總會比較踏實。

	每月收入		每月支出
每月薪金收入 （已扣MPF， 但公司逐漸裁員， 可能隨時冇得做）	21,000.00	每月開支	13,000.00
每月兼職收入 （無收入證明）	3,000.00	每月醫療保費	1,500.00
每月澳元基金收息 （全方位入息基金+高息股債基金）	2,000.00	每月儲蓄保險 （每年供$40,000，仍有九年要供，因當 年唔懂投資，放著貶值才買）	3,300.00
	26,000.00		17,800.00

現金，定期（含人民幣，蝕緊匯水）	1,000,000.00
澳元基金（蝕緊匯水）	680,000.00
股票（有D坐緊艇，有D有少少息收）	300,000.00
澳元定期（同人夾份買了澳洲樓花，預留作收樓用，預按揭50%）	680,000.00
儲蓄保險$110萬：（2019年11月起每年取款$88,000， 取12年後完結或一直放著）	-
	2,660,000.00

唔上唔落的中年人上

 筆者唔認為讀者屬「唔上唔落」，先講自僱者唔能夠九成上會、最多八成。

讀者買了澳元全方位高息股債基金入息，一般銀行都好喜愛叫你換做其他外幣去再投資，這樣銀行既可以賺你買投資物的佣，又可以食埋匯水。一般人都未搞清楚換英鎊/澳幣咩價先叫做抵。需要注意的是，買外幣唔同去日本玩買Yen，你投資所用的不是現鈔價，而是電匯價（TT價）。

人仔都係，買人仔產品，由於人民幣不是全流通，轉做人仔等於自限可投資範疇。保險一向是儲就十幾年，拎錢就同你講十幾廿年後，真係唔知一生人有幾多個10年可以等；而家仲話可以擺到120歲做財富傳承添。而家計120年前都仲係清朝，未有民國，未有港元。那你份保單是什麼currency？

講樓。讀者預$500萬買屯門樓，八成上會，月供(500 × 80%) ÷ 250 × 10,000 =~$15,400。500$萬屯門樓能收$14,000月租，估計讀者只需少補$2,000-3,000即可供租相抵，識計應知無話要補貼$9,000/月才有樓收租。需要理解的是，沒有正現金流的買樓計劃是否值得？對於這個讀者而言，是值得的。因住宅物業最大功用是租金隨通賬升值，滿足退休需求。你買樓就要用通賬加時間去磨

走當初欠債，讀者已接近50歲，賺錢的時間不多，但仍鼓勵細細地先買一間。

讀者亦可以考慮與弟弟聯名買樓，保障雙方權益。其實，只要你在購買時設定好日後分拆的方法，聯名購買房產並使用多個「人頭」並不是問題。在拆名過程中，印花稅很多時候可以有節省的辦法。

買完第一間樓後，究竟點樣八成上會後再完美出租，就自己諗掂佢。另外，讀者現金可入手債基收息。由於現金不多，再儲也多不了多少，可以選擇A方案年息15-18%或C方案年息10-12%。對於初學者而言，選擇C方案穩定收息是上策。我們給收息課程的學生推薦的債基，投資方法不激進，希望學生能有好的結果。近年派息更升至8-9%，比之前升了近70%。這些方法可驗證，例如7月買入，8月中就可派息，月月派息。

基本上，讀者與弟弟退休時若能各自擁有一間樓和數百萬現金備用，已值得恭喜。在此階段談財務自由還有點遠。請不要貪圖快錢而去嘗試不受監管的投資方法，有些人試圖靠偏門方法博一鋪，最終大蝕。

Q 50歲股樓共輸300萬 人生是否零希望?

尊敬的諗Sir,您好!

最近有幸收看您的影片並拜讀您的文章,驚歎原來投資竟然可以這樣,反思自己一直以來對理財的概念實在太淺薄、太落伍,希望能立即重整投資策略,用有限的時間及借貸能力,重新規劃退休前的準備。

背景:

● 本人及丈夫現年48歲,二人月入各$55,000,合共$11萬,工作穩定,可做到退休。育有一兒17歲,現於外地升學,兩人均要供養父母。

● 1997年於樓市股市共蝕去$300萬,自此投資態度轉趨審慎,只懂把辛苦工作得來的儲蓄放進銀行,靜待機會。

二人資產：

● 本人單名持有三房自住物業，2006年以$310萬購入，樓齡18年，月供$13,000，市值$1,000萬，仍欠銀行$50萬，從未加按。

● 現金$180萬（港元定期收息）

● REIT基金$100萬（年息5厘，每月收息$4,000）

● 股票$30萬（收息股）

● 外幣$30萬

● 教育基金現金價值$30萬

● 兩份人壽保險現金價值$75萬

● 已買危疾及住院保險計劃

● 由於開支不少，每月儲蓄$20,000（如取消養車及旅行開支，可多儲$12,000）。

目標：

1. 定期存款即將到期，希望利用手持的現金增加被動收入，幫補開支，這樣對嗎？請問有何推薦？

2. 這幾年一直想買車位或用丈夫名字購買第二個物業，可惜錯過了良機，請問現在是時候嗎？若不是，該如何部署？

3. 本人退休應可取回$800萬公積金，但丈夫的MPF蝕多賺少，滾存失敗，因此買了$100萬REIT基金自製MPF，請問這樣對嗎？有何建議？

已報讀「收息101」課程去釐清投資概念，重新出發。如能得到諗Sir指點迷津，重新調整，實在萬分感激！

讀者 黃太上

害苦讀者的就是「1同0的策略」，1997年之前過度投資「做1仔」，輸了$300萬。之後就不怎麼投資，行「零策略」，令年近50歲的資產遠追不上同階層的升幅。太多世事不能只分「1」同「0」，讀者現在要做的就是指出如何由「0」逐步行到「1」，這才最有建設性。

首先看看自己的財務狀況，並誠實面對自己，問：「你係咩材料。」好似讀者咁，唔上唔落，人工唔高唔低，發達無佢份，一生求穩定。其實呢類人儲樓逐間上最好。

先把樓市升幅加按出：$1,000萬樓若按六成，可得$(600 - 50)萬 = $550萬。此事令按揭供款升至600 ÷ 259 × 10,000 = $23,000。讀者需否要擔心樓價跌會否令銀行call loan？首先讀者按出的錢買債為主，跌極有個譜。如唔用此方案，此等銀碼暫未有更高保證性的方案。債基方案雖有槓桿，讀者可只將$550萬當中的$120萬投入債基加槓桿收10-15%年息，$240萬月收$24,000。那讀者將$550萬當中的$240萬投入債基，已夠cover佢按揭新增之供款。

若資金更高達$800-1,000萬者，可棄債基而用直債，大銀行保證7%派息的直債，整個直債組合保本地收8%可預期。然而，不少債基或許會回落，保本10%可以做到，而「收息101」同

學買的一般是銀行債或保險公司債，穩定性高。而無論債基或直債，都可由少加碼至大，息率大致不變。這些學生就可逐步試買，收得息好再加碼。無論你現金是$500萬之上又或之下，都有階梯通向更高被動收入之路。

至於剩下的$550 - $240 = $310萬，用老公名拎$120萬做首期，買$600萬左右的樓。付了首期等於租客幫手供，10年後供款少了，開始月月有淨現金出，這就是讀者退休用的錢。至於第三間樓，要待現有樓價再升或按揭結欠少於50%，可將租金轉為核實收入，幫手批到按揭買第三間樓。現時辣招已撤，夫婦持有超過兩間樓都不需額外畀稅。做好上述各項，有三樓在手而現金剩百餘二百萬，加埋現時夫婦的資金，10年後計夠平穩過埋一生。

當然，如果早在30歲已懂此知識，現時最起碼有三間過$1,500萬的樓在手，仲要供滿了，根本隨時唔做都得，返工當玩亦可。欠缺理財知識往往令人要打多十幾年工去彌補。撤辣後更有經紀為幫大老闆出貨不斷推銷車位貨尾。買樓同買車位、或不動產，小投資者一買錯就好難「做返轉頭」。

**Q 賣不出的單位如何「起死回生」？
二房東租上租產出現金流？**

背景：

先生：擁有一間私樓，價值$500-570萬，剩餘$300萬按揭，自住。

太太：擁有一間村屋，價值$400萬，剩餘$50萬按揭，目前由太太家人居住。

太太家人：擁有一間村屋，價值$400萬，無按揭，房屋較為殘舊，有意出售，但目前市場冷清，鮮有問津。

需求：

希望孩子就讀34/41校網，且需要三房單位。請問有什麼合適的筍盤，以及最佳的樓宇配置方案建議。

家庭收入：

先生月收入：$12萬（包括獎金）

太太月收入：$21,000（包括獎金）

現有資金：

家庭有$150萬現金預算作買樓之用。

方案：

目前有以下四個方案，請您分析每個方案的按揭可行性，並建議哪個方案更為可取，風險更低：

1. 出售太太家人的村屋，獲得$400萬，太太償還$50萬按揭，剩餘資金作為首付。將先生的私樓轉到太太名下，然後先生再在無按揭的情況下用$150萬預算在九龍購買預算$1,000萬的三房單位。

2. 出售太太家人的村屋，獲得$400萬，太太償還$50萬按揭，剩餘資金留給家人。先生和太太聯名用$150萬首付在九龍購買三房單位，但先生仍有按揭在身。

3. 若太太家人的村屋無法出售，則出售先生的私樓，價值$500-570萬，加上$150萬預算，在九龍置換三房單位。

4. 直接用聯名花$150萬首付在九龍購買三房單位，但先生及太太仍有按揭在身。

請問在九龍有哪些適合的三房筍盤？

在以上四個方案中，哪個方案是最佳的樓宇配置方案，按揭可行性和風險評估如何？

期待您的專業意見，謝謝！

A 不少有心改善居住環境的人，只重視結果，本案讀者要換三房，更要筍盤。本文則提出如何理順方法去獲得（換樓上的）結果。好像家長找補習班提升小朋友成績，若只重小朋友分數而少去考究自己的小朋友應用甚麼學習方法，完全將自身任務外判予你，除非家長好肯比錢，否則幾可肯定效果不會如意。

讀者已明白揸村屋＝已中伏，又很難脫手，令自己換樓出九龍的難度大增。寄語很多未買過樓的人，買第一間樓先不要以「喜不喜歡」來決定，而要先想怎樣鋪好條路，令自己更易越換越大。選擇樓盤時，單位流通量高是必要條件，更不要買一些環境清幽但細小的單位。試想想，一般想要清幽的人，通常都想居住環境較大，而且有能力養車；另一邊廂，如想要方便的人，就不介意住小一點，最好靠近工作地點。真的沒有想住清幽，但又唔介意細的人嗎？不是說沒有，但客路少一點。

讀者已知村屋不是好東西。如果要成功找到買家，首先需要降低難度。首先可以試著在不不分間房的情況下找到租客，省去裝修成本。其實，租客就是你這房子的潛在買家，但一下子要

人給錢，住在村屋更讓人疑惑是否方便，這就很難吸引買家。不過，人們有偏見，不少人一旦搬進去，就會覺得沒什麼問題，例如住柴灣的就認為該區很方便。

加上現在香港北上需求增加，一些原本不方便的地方，因為巴士路線或地理位置因而成為租務的熱門地點。如果整套房子出租找不到租客，不妨有技巧地分間租出，反正有些村屋讀者已現契在手。分間出租可以使租金翻倍：例如原本整套出租一個月收$12,000，拆成四間每間租金$5,000，總收入變成$20,000，這樣的成功案例不計其數。

我們有幫學生找些合適單位或易改的，長租單位再拆細租出，學生不用買入單位情況下完成「租上租」二房東收租投資人，租個單位直接獲得萬元計的現金流，新收入幫到學生反租新樓改善居住環境。

我們也幫助學生找到合適的單位或容易改造的單位，將長租的單位分拆出來再次出租，讓學生在不購買房產的情況下實現「租上租」，成為二房東收租投資人，通過出租單位直接獲得以萬元計的現金流，這種新收入有助於學生改善居住環境。

一旦找到租客，將來出售村屋時就有不少「熟客」。自己有租客，佣金都唔使畀。再加上已經睇過樓的另一批潛在買家，賣樓時就更有對象可選。

現時不少放盤業主，都遇過經紀提出「幫佢放埋租」的情況。一是經紀想利用佢單位去幫手吸租客，令自己手上客人數目上升，反正只是利用業主方資源。二是作為後路，一旦業主叫價高賣唔成，都希望中個租，食鋪「三番」賺返車費。

作者	諗Sir
編輯	成家博客
設計排版	成家博客

出版	三次坊教室出版有限公司 | Cube Tutor Publishing Limited
	三次坊出版有限公司 | Cube Publishing Limited
地址	香港西環德輔道西246號東慈商業中心9樓906樓
電話	(+852)2165 4792
傳真	(+852)3007 1931
電郵	cs@3cube.com.hk
網址	www.3cube.com.hk

總經銷	泛華發行代理有限公司
地址	香港新界將軍澳工業邨駿昌街7號星島新聞集團大廈
電話	(+852)2798 2220
傳真	(+852)2796 5471
電郵	gccd@singtaonewscorp.com
網址	www.gccd.com.hk

承印	雅聯印刷有限公司
地址	香港柴灣利眾街35-37號泗興工業大廈8字樓

出版日期	2024年6月
國際書號	978-988-76697-4-6
定價	港幣$108